Nederlanden & België

荷蘭 比利時 魅力繪旅行

藝術 × 建築 × 城鎮風光 × 特色市集

感受西歐小國的精采無限

文少輝 Jackman　傅美璇 Erica　著

Contents

Chapter 1
阿姆斯特丹 Amsterdam
Part 1｜暢遊荷蘭運河之都

Chapter 2
阿姆斯特丹 Amsterdam
Part 2 │ 上一堂荷蘭藝術史

Chapter 3
阿姆斯特丹近郊 Amsterdam Suburbs
前進北海小鎮與近郊景點

Chapter 4
鹿特丹 Rotterdam

Chapter 5
海牙 Den Haag

Chapter 6
台夫特 Delft

Chapter 7
馬斯垂克 Maastricht

Chapter 8
比利時 Belgium

前言
懷著期盼，重新出發！

2010 年是我們創作旅遊繪本的起點，不知不覺，遊了、畫了、寫了十個年頭。

然而，2020 年，一切戛然而止。

全球旅客停下了腳步，國境不開、飛機不飛，旅遊書的創作也「被」畫上休止符，漫長的停擺曾讓人強烈懷疑：這會是句號嗎？

對於身為旅行書作者的我而言，《荷蘭比利時魅力繪旅行》比起任何一本前作，都多了一份重新出發的深義。不只是因為荷蘭與比利時是我們「歐洲版圖旅遊著作」的第十個與第十一個國家，更因為我們克服了種種波折，才能再度開啟旅程。直到讀者拿到出版後的實體書，感受到那份真實的溫度後，我才被實實在在地拉回人生軌道上。

因此，荷蘭與比利時的旅行，是一個重要的里程碑。

說到這趟旅行，就會想到風車。風車，我在西班牙第一次見識到，不過各式各樣的荷蘭風車才真正令我大開眼界。而最深刻的感觸是，荷蘭人在過去數百年歷經大大小小的水災，一個又一個防洪計畫、圍海造田等工程，見證了人類面對大自然挑戰的那份堅韌與勇氣。至於作為全書壓軸的是比利時，我們把心中覺得最值得分享的，濃縮編排成最精華的一章。

總之，整理好行李箱，無論去哪兒都好——能夠出發，已經是一件送給自己的幸福禮物。

Netherlands 還是 Holland？
叫對名字才不會失禮

少年時代的我，對於歐洲歷史及國家名稱還不太了解，每當閱讀到荷蘭的英文新聞或文章，有時見到「Holland」，有時又見到「Netherlands」，甚至兩個字同時出現，意思都是指「同一個荷蘭」嗎？因為這兩個字的前半部完全不相似，我曾經為此迷惘好一陣子。（還有，英國是 UK、England 或 Britain？美國是 the US、the United States 還是 America？）

Holland 是地區名稱

阿姆斯特丹、鹿特丹與海牙是荷蘭三大城市，前兩者是我們旅程的住宿據點，而海牙則位於鹿特丹附近。荷蘭共有十二個州，阿姆斯特丹屬於北荷蘭州（Noord-Holland），另外還包含我們近郊之旅要去的艾登、沃倫丹、馬肯及阿爾克馬爾。至於鹿特丹、台夫特及海牙，則屬於南荷蘭州（Zuid-Holland）。

從 Noord-Holland 與 Zuid-Holland 來看，大概推測到 Holland 其實是地區名稱，是這兩個州的統稱，而不是國家名稱。但為何很多人以為 Holland 是國家名稱呢？

Nederland／Netherlands 才是國家名稱

荷蘭的正式國名為「Nederland／Netherlands」（前者是荷蘭語，後者是英語，可留意兩者的輕微分別）。Nederland 在字面的意義為低漥之地，因此也被意譯為「低地國家」，或「低地國」。

從 15 世紀開始，Nederland 就被當成國家的名稱；Holland 則是 Nederland 的一部分，也就是地區名稱。順帶一提，在歷史上，比利時與盧森堡曾屬於 Nederland 的一部分。至於 Holland 這個字，則來自老荷蘭語「Holtland」，字面意義為「盛產木頭之地」，最早是指哈勒姆（Haarlem）周邊地區（位於阿姆斯特丹的西邊），後來才成為地區名稱。

而 Holland 常常被代稱為國家名稱的原因，主要是因為這個地區是該國面積最廣闊、人口最多、也最富裕的一區，尤其 Holland 地區的人更喜愛用 Holland 來代表整個國家，因此自 15 世紀以來，Holland 反而成為 Nederland 的非正式名稱了。

此外，拿破崙征服該國時，於 1806 年開始，也是以 Holland 作為國名。

荷蘭自 2020 年起正名為「the Netherlands」

不過，荷蘭政府已經在 2020 年停止使用 Holland，統一改以「the Netherlands」稱呼。代表國家球隊的名稱也修改了，例如荷蘭國家足球隊即為「Netherlands National Football Team」。另外，荷蘭旅遊局的工作人員提醒我們留意，遊覽非 Holland 地區時，不宜用 Holland 稱呼國家名稱，因為那些地區的人可能不太喜歡。

規劃旅程與交通，
展開荷蘭、比利時之旅

這趟荷蘭與比利時的兩國之旅，其實是三國之旅，因為在抵達荷蘭阿姆斯特丹之前，我們還需要完成一趟瑞士導遊的任務。這趟家庭旅行的重點是一行八人（包括我們），其中有七、八十歲的 Erica 爸媽。自己去旅行，與帶著家人去旅行，完全是兩碼子事，責任相當重大。不過老人家也天天玩得高高興興，皆大歡喜。家人在蘇黎世順利坐上飛機回香港後，我們便緊接著搭另一航班前往阿姆斯特丹，展開只有我們兩人的一年一度長途旅程。

被施了魔法般的夏日荷蘭行

希望能夠來一趟順暢的旅程，了解當地的氣候是必做的功課。西歐大部分的國家都是屬於典型的海洋性氣候，顧名思義，會受海洋的影響較大，冬天溫和、夏天涼爽、年降水量較多，是此氣候的三大特徵。西歐的春夏兩季都是旅遊旺季，尤其是荷蘭的 5 月為鬱金香的盛開季節，該月的平均每日高溫在 17 度左右，是賞花的好氣候，吸引全球旅客造訪。

至於我們到訪荷蘭的時間，是 7 月底到 8 月初，也是全年最溫暖的日子，平均每日高溫接近 30 度，並沒有遇上一整天都在下大雨的狀況，算是旅程的小確幸。夏季日照時間也很長，通常要到晚上 9 點後才會迎來真正的日落，日間的活動時間彷彿被施了魔法一般，變得很好用，不論是景點還是博物館，夏季的開放時間都比其他季節更長，熱門景點的公共運輸工具更會增加特別班次。我們雖然錯過了花季，卻可享受到全年日照最長的美好時段。

如何用三段單程機票串連三個國家

從香港飛到阿姆斯特丹，搭乘荷蘭航空或國泰航空都是直航班機，大約十二個多小時。在台灣，也可搭到荷蘭航空的直航班機，同樣是十二個多小時，這樣看來，只單獨去荷蘭是很方便的。至於比利時的布魯塞爾機場，從香港出發的直航班機只有國泰航空，台灣並沒有直飛。對於香港旅客，國泰航空應該是首選。

不過這都是當時的航班情況，說不定當你計畫行程的時候，無論在香港或台灣，都會出現更多直航的航班選擇。

因為我們的情況是要串連三個國家，來回地點不一樣，經過一輪的比較及分析後，最後我們決定分別購買三張單程機票。第一趟是我們和家人去瑞士，這是國泰的直航班機，剛好累積到足夠的飛行里程數換取單程機票，省下一些錢。第二趟，從蘇黎世飛到阿姆斯特丹，有好幾家航空公司可以選擇，而且一天有多班，因此決定選擇瑞士航空，原因不外乎是在告別家人後，此航班可以讓我們最快登機。

最後的一趟，是訂購芬蘭航空回去香港，途中要在芬蘭赫爾辛基轉機。為何選擇芬蘭航空？值得說一說。

通常傳統航空公司的單程機票價格，與來回機票的價錢很接近——別以為單程票價就是來回的一半，一般來說，大概只有在廉航才買得到真正的單程機票（從價錢角度來看）。後來，我們驚喜發現，無論在阿姆斯特丹或布魯塞爾出發，不只都要在赫爾辛基轉機回香港，更重要的是，芬蘭航空的單程價錢就真的是來回票價的一半！

以擴散式漫遊玩周邊著名景點

至於先去荷蘭，還是先去比利時？除非遇上重要活動一定要去的話，不然沒有固定的答案。來往兩國的交通，依費用高低來排序，就是飛機、火車及巴士。如此，整個行程共有三個住宿據點，分別是荷蘭阿姆斯特丹、荷蘭鹿特丹及比利時布魯塞爾，我們選擇用火車來串連三座城市。

第一段火車，是從阿姆斯特丹去鹿特丹，需一個小時左右（直達車只需四十分鐘）；從鹿特丹去布魯塞爾的火車時間與第一段很接近。事實上，這三個地方都是兩國最主要的火車站，所以班次很密集，即使沒有預先購買車票，現場購買時間最近的班次也沒有問題。

荷蘭國鐵（NS）經營荷蘭境內及跨國的火車，大致分為區域火車（Sprinter／SLT）、城市間列車（Intercity／IC）、直達車（Intercity Direct）。來往鹿特丹與布魯塞爾之間的火車，是荷蘭國鐵與比利時國鐵（SNCB）共同經營的。挑選班次時，荷蘭國鐵是我的首選，因為其車廂的設施、乾淨度及服務等等都比較好。

荷蘭
Nederland

NOTE

1	阿姆斯特丹（見第 1-2 章）★
2	艾登、沃倫丹、馬肯（見第 3 章）
3	阿爾克馬爾（見第 3 章）
4	阿夫魯戴克攔海大壩（見第 3 章）
5	羊角村（見第 3 章）
6	鹿特丹（見第 4 章）★
7	小孩堤防（見第 4 章）
8	台夫特（見第 6 章）
9	海牙（見第 5 章）
10	馬斯垂克（見第 7 章）
11	烏特勒支（見第 3 章）
12	庫肯霍夫花園（見第 3 章）
13	贊斯堡風車（見第 3 章）

荷蘭國旗

由三條橫行顏色組成，由上至下為紅、白、藍。紅色代表革命勝利；白色象徵自由、平等、民主；藍色表示國家與海洋為伍，象徵人民的幸福。注意，法國國旗同樣是這三種顏色，不過是直行的，由左至右為藍、白、紅三色。

比利時
Belgium

NOTE

A	布魯塞爾（見第 8 章）★
B	安特衛普（見第 8 章）
C	根特（見第 8 章）
D	布魯日（見第 8 章）

比利時國旗

由黑、黃、紅三條直行顏色組成。掛起時，黑色必須靠在旗桿一側，而此黑色是用以悼念在 1830 年獨立戰爭中犧牲的英雄；至於黃色，象徵的是國家的財富與農業的豐收；紅色則象徵愛國者的鮮血與戰爭的勝利。

註：★為住宿地點。

然後，以三個據點城市為中心，我們又坐上火車及其他交通工具逐一探訪周邊的古城小鎮。從阿姆斯特丹，我們會去艾登、沃倫丹、馬肯組成的北海小漁村、可看到傳統起司市集的阿爾克馬爾鎮、被喻為荷蘭威尼斯的羊角村及壯觀的阿夫魯戴克攔海大壩。從鹿特丹，會去世界遺產的小孩堤防風車群、被稱為荷蘭皇室起源之地的台夫特，以及會集皇宮和國際法院的海牙。至於布魯塞爾，我們會往外跑的地方，包括林立古蹟與迷人運河並重的根特、被喻為優雅高貴中世紀古城的布魯日、比利時第二大都會區安特衛普、以及從古羅馬城市變成歐元發源地的馬斯垂克（這其實是荷蘭城鎮，但由布市出發反而比較方便）。

順帶一提，打算購買長途旅遊巴士來回大城市的旅客，諸如歐洲之線巴士（Eurolines），早訂的話應該可以買到很平價的車票，大約幾塊錢歐元。不過需要注意車站的地點，例如阿姆斯特丹與鹿特丹的長途車站，並不在該城的中央火車站或附近。

從機場到阿姆斯特丹市中心

我們從蘇黎世出發，順利地到達荷蘭。從阿姆

從機場來到阿姆斯特丹中央火車站
只需十多分鐘。轉眼間，我們就來
到市區展開旅程。

1 ｜機場的火車站大廳，可在黃色的自助售票機購票。　2 ｜售票機上方有指示，旅客需要打卡才能啟用車票，否則會被視為無效票。
3 ｜記得打卡啊！　4 ｜從機場往市中心，每十五分鐘便有一班火車。

斯特丹史基浦機場（Amsterdam Airport Schiphol）往來市區的公共交通，有 397 號機場巴士、一般公車，也有火車可以抵達，價位的落差不大。我們選擇搭乘火車。

　　出了海關大門後，沿著指標出口指示，很快來到萬頭攢動的火車站大廳，我們直接在自動售票機購買車票。往市區的火車，都是在 1 號或 2 號月台發車，車程約十五到二十分鐘，全天候營運，而且每十五分鐘就有一班火車，超級方便。

INFORMATION

荷蘭國鐵：www.ns.nl
比利時國鐵：www.belgiantrain.be

NOTE

荷蘭與華人之間的文化交織

在機場火車站大廳，我們見到的旅客幾乎九成都是華人，是我印象中遇見最多華人的歐洲火車站。我不禁想起，當家人知道我們要去荷蘭，第一句話便說：「那邊有許多華人啊！」原來，荷蘭是最早進入中國經商的歐洲國家之一，所以許多從「荷蘭」引入的東西，都會在其名字前冠以「荷蘭」二字，如「汽水」叫「荷蘭水」，「汽水蓋」叫「荷蘭水蓋」，「豌豆」叫「荷蘭豆」等等。
不過在香港，「荷蘭水蓋」有另一個意思，是指「勳章」。大概 5、60 年代，香港人生活甚為艱苦，小朋友都要自製玩具，其中特別喜歡用玻璃樽汽水的瓶蓋貼上彩色紙帶，扣在衣服上當作「勳章」威風一番。後來，「荷蘭水蓋」被引申用來揶揄「某些社會賢達或政府高官」，運用特殊手段來獲取「勳章」。

CHAPTER **1**

AMSTERDAM

阿姆斯特丹

Part 1

暢遊荷蘭運河之都

建於人工島上宛如宮殿的
阿姆斯特丹中央火車站

從阿姆斯特丹史基浦機場來到阿姆斯特丹中央火車站（Amsterdam Centraal）很快，只需十五分鐘。印象中，以機場到市中心的距離來說，這是我到訪過的眾多歐洲城市中速度最快的前三名。瑞士蘇黎世機場到市區的時間，也算滿快的。

許多歐洲大城市的中央火車站，通常是百年歷史的建築物，又往往是有來頭的經典建築風格，本身就是一個重要的景點。所以我認為阿姆斯特丹中央火車站應該是荷蘭旅程的第一個景點。

火車站就是一座宮殿與博物館

中央火車站開幕於 1889 年，由荷蘭建築師設計，屬於新文藝復興風格的建築，至今超過百年。第一眼觀望火車站的正立面時，其深紅色的外觀、高聳的鐘塔與屋頂，左右橫跨好幾百公尺，給我強烈的印象是：比起火車站，更像是一座宮殿與博物館。後來，來到荷蘭國家博物館，更覺得兩者的外觀很相似，宛如兩兄弟一樣。

一百多年前的阿姆斯特丹中央火車站及周邊環境。

不說不知，阿姆斯特丹中央火車站的所在地，其實是阿姆斯特丹北面的內海灣。百多年前為了興建火車站，市政府興建三座人工島，動用八千多根巨大的木樁插進海底。

據說現在人們搭運河遊船從車站軌道下通過時，可以看到過去留下的腳樁基礎。時至今日，人工島及火車站經歷數次的擴建，才形成今日如此規模與外觀的火車站。

傍晚的阿姆斯特丹中央火車站。
建造於 1889 年的它更像一座宮殿與博物館。

阿姆斯特丹中央火車站建於人工島上。步出正門，便見到人山人海的熱鬧場面。運河上有多個遊船碼頭，每小時有多個班次，不同價位、多元化的航線任你選擇。此圖攝於中午，天色十分明朗，遊人如織，多麼美好。

在火車站正門前，可坐上最知名的 2 號路面電車，前往市區的精華地段及大部分景點。

車站前方有市區電車、公車站及地鐵站，而人工島及市區的連結依靠的是一座橋梁，到站的旅客步出中央火車站就能見到。走過橋梁，即可展開市內漫遊，或是坐上遊船享受水道縱橫交錯的運河之旅。說起市內旅遊，自然不可忘記坐上最知名的 2 號路面電車，途經的都是市區的精華地段，串連起市內許多知名觀光景點。為什麼用「最知名」來形容它？因為它入選過《國家地理雜誌》的全球十大路面電車路線。

上文提到，阿姆斯特丹中央火車站面向內海灣的渡輪碼頭，同樣有大量當地人及旅客來往，非常熱鬧。只見幾

座渡輪碼頭從早到晚都擠滿等待上船的人群。我遠眺著對岸，渡輪會去的地方顯然一片繁華，感覺自己應該坐上渡輪過去走一走才是。

至於我們的酒店，位於從此處碼頭開始行走約十多分鐘處，是一座落成只有數年的四星酒店。它是一座很高的建築物，即使在火車站這邊，我們已經遠眺到它高聳又醒目的外觀。逗留在阿姆斯特丹的這幾天，天天都經過中央火車站。車站面向海港的這邊，匯聚的商店、餐廳、出租單車店、超市及旅行社等店家特別多，可說應有盡有。 ▬

1-2	火車站正立面與火車站面向內海灣之間的免費通道，可欣賞到白色瓷磚彩繪荷蘭海洋的故事，這是來自台夫特藍陶（Delft Blue）著名的荷蘭手工藝。
3	本頁全部圖片都是火車站面向內海灣那邊的店鋪，此為超市。
4	火車站大廳的付費洗手間，大概 2 至 3 歐元。火車站沒有免費洗手間，但人有三急，而且都想在乾淨安心的環境中解決，這筆小錢實在不可省。
5	火車站及近郊交通的售票櫃位。
6	Tours & Tickets 是市內旅行社，提供很多旅遊團行程及套票。
7-9	I amsterdam 販售很多充滿設計感的紀念品，圖中是梵谷及林布蘭的產品。
10	渡輪碼頭。
11-12	火車站二樓平台的市內及近郊巴士站。

近火車站、又能擁抱 廣闊海景的時尚酒店

挑選住宿地點，考慮的不外乎是房價、品質、交通便利等因素。這趟阿姆斯特丹之行，不少景點都需要搭乘公共交通工具，即使在市區遊覽，仍不太適合單憑雙腳走遍全部景點，必須搭配路面電車；再加上又要在中央火車站坐火車或旅遊巴士前往近郊小鎮，因此我們最後決定住在靠近中央火車站的酒店。

中央火車站前方的酒店群

中央火車站的正前方，便有許多不同價位及等級的酒店，旅客往返車站與酒店只需走過一座橋，非常方便。在眾多的住宿選擇中，也可見歐洲常見的 ibis 連鎖酒店，稱為「Hotel ibis Styles Amsterdam Central Station」。這家酒

酒店及其他建築物建在人工島上，圖左建築物即是我們入住的 Room Mate Aitana。

店的房價較為親民，應與房間大小及設施品質有關。

　　不過中央火車站的右邊也有一家名字相近的 ibis 酒店，稱為「Hotel ibis Amsterdam Centre」，它的房價顯然比前者高出不少。沿著火車站正門的右手邊一直走，走過火車站便能見到。至於距離，兩家 ibis 酒店不分上下，都很接近火車站正門，只需三分鐘腳程。不過火車站前方一帶真的非常熱鬧（吵雜），從早到晚都有大量旅客來來往往，要有心理準備。

　　還有記得，如果真的要入住這兩家 ibis 酒店之一，不要搞錯名字與位置。

位於寧靜區的時尚風酒店

　　Room Mate Aitana 是我們的選擇，從面向內海那邊的火車站出口步行，大約十多分鐘。酒店的所在地是相對寧靜許多的地方，看起來跟火車站一樣，都是建於人工島上。這是一座相當高、充滿設計感的時尚四星級酒店，擁有面向內海的廣闊景色，是火車站正面的酒店群所沒有的景觀，正是擄獲我心的原因。

　　我們入住的是標準房，面積有三十多平方公尺，相當寬敞。夏天旺季，平均一晚的房價為 140 歐元左右。綜合酒店及房間的品質、位置、服務人員等，我們挑選此處是對的決定。我們十分享受每天以期待的心情步出酒店、慢慢走向中央火車站的這段時光，一邊走還可一邊望著海上來來回回的船隻，並偶遇一群海鷗在天際上飛過，非常悠閒愜意。

INFORMATION

Room Mate Aitana 酒店：www.room-matehotels.com

1-2 ｜ 我們入住的是標準房，空間有三十多平方公尺。　　3 ｜ 酒店大廳的餐廳之一。　　4 ｜ 酒店正門對面有酒吧及單車出租店。

酒店所在的人工島，面向廣闊的內海。

我們十分享受每天往返酒店與火車站的這段時光。圖
中前方有幾位路人，是同住在酒店的旅客，相信他們
也有類似的感受吧。
半圓形建築物是中央火車站面向內海的出口，如果要
搭乘市區巴士及近郊旅遊巴士，都是在此處的二樓平
台上車。還有，除了步行前往火車站，酒店外頭也有
巴士站，大概十多分鐘便有一班，離火車站只有兩站
距離，我們白天若走累了，晚上就會坐巴士，大約兩、
三分鐘便回到酒店。

悠遊阿姆斯特丹運河區
西教堂、安妮之家、荷蘭皇室、紅燈區

在市中心參觀各座博物館時，我們也順便四處散步，欣賞許多美麗的運河景色。Erica 在當地有一位好友 Sharon，我們便和他們夫妻一起吃頓晚飯。Sharon 的丈夫 Patick 是土生土長的荷蘭人，因此飯後，我們也隨著這兩位當地人的腳步，在運河和運河屋之間遊走，還聽到許多只有當地人才會知道的有趣故事。

運河就是阿姆斯特丹市區的精髓，所以這裡豈能不談談這座於 2010 年被列入世界文化遺產的「運河區」（Grachtengordel）？

誕生於黃金時代的運河網絡

阿姆斯特丹發展於 13 世紀，當時只是阿姆斯特爾河（Amstel）旁的小漁村，周遭滿是淤田。但由於地理位置相當重要，加上漁業興旺，小村逐漸發展起來。至於阿姆斯特丹這個名稱的起源，來自「Dam」這個詞；當時居民為了防洪，在河上興建河口水壩（Dam），因此誕生了「Amsterdam」這個地名。

1 | Erica 與好友 Sharon，正在觀賞運河屋的特色。
2 | 飯後，我們四人一起散步，最後走到中央火車站合影。

我們跟隨當地人的腳步，在運河和運河屋之間遊走，
一邊聽著只有當地人才會知道的有趣故事。

運河區位於阿姆斯特丹的市中心，這一區的許多建築皆興建於荷蘭的黃金時代（1575-1675）。在這百年之間，無論是貿易、科學、還是藝術等多方面，荷蘭皆有相當傑出的成就。當時各國人才大量移居此地，為了解決土地不足的問題，一座大型的都市發展計畫便開始實行。

此計畫最核心的重點在於，要開挖四條同心半環形的運河。市政府運用運河系統來排除沼地的水，同時填滿運河之間的空隙以獲取更多土地。這些新生的居住地讓都市建築獲得整體性的發展，也就是我們今日所看到的運河屋群，成為世界罕見的市容。

我們走在市區時，自然是無法知道這片運河區的完整全貌，唯有從高空鳥瞰，才能真正看出運河區的壯觀：以中央火車站為圓心，一層一層往外擴散。這張環狀的運河網，最內側的一環是辛格河（Singel），大約建於 15 世紀。到了 16 世紀末，展開了上述的大規模運河工程，向外依序挖掘出紳士運河（Herengracht）、皇帝運河（Keizersgracht）、王子運河（Prinsengracht）與辛格運河（Singelgracht），一個綿密的水運網絡就此成形。另外，辛格運河的「Singel」有「包圍」的意思，因為它也是 16 世紀前的城市護城河。

這四條運河組成的領域，就是列為世界文化遺產的運河區，又統稱為「阿姆斯特丹辛格運河以內的 17 世紀運河環形區」（Seventeenth-century canal ring area of Amsterdam inside the Singelgracht）。而從辛格河到王子運河之間，便是該區的核心區域。

門面窄卻裝飾華麗的運河屋

什麼是運河屋（Canal House）？就是指面向運河的房屋。阿姆斯特丹的運河屋有別於一般的房屋，極具特色的元素是門面通常很窄，但內部卻很深，甚至還有庭院。這是因為以前的市政府是按門面的寬度來課稅，為了少繳一點稅，屋主便盡量把門面建得很窄。

門面雖窄，但屋主卻在其他地方做出與眾不同的設計：在屋子頂端添加一座山形牆（Gable）裝飾，也增加一個小閣樓的空間。隨著阿姆斯特丹愈來愈繁榮，山形牆的形式也愈來愈華麗與多樣，像是頸型、漏斗、梯形、三角形、鐘形等等，可謂琳琅滿目，自然成為遊客欣賞運河屋的一

此圖是手工製作的運河屋木製紀念品，很值得收藏，在火車站可買到。

大重點。

　　欣賞山形牆時，會發現其頂端都有一根突出來的大吊鉤，這是用來搬運家具的設計。因為運河屋的門面和樓梯實在太小、太窄，所以屋主會把窗戶拆除，再透過這個大吊鉤吊起家具，穿過窗戶，進出房屋。

　　觀看運河屋時，大家應該會很快發現到，有些房屋有點傾斜，可不要以為自己的眼睛有問題。原因是這樣的：首先是避免家具進出時撞到窗戶玻璃，所以一開始建屋時，會故意建得有點傾斜；二來是這座城市的土質本身是鬆軟的，房子久了就會歪斜一邊。結果，傾斜的運河屋也就成了阿姆斯特丹的特色風景。

1 ｜ 運河屋特色之一：其頂端有一根突出來的大吊鉤，用來搬運家具。圖中的兩家屋主已把窗戶拆除，看來稍後會使用大吊鉤來將家具搬進屋內。
2 ｜ 運河屋特色之二：為了避免家具進出時撞到窗戶玻璃，所以屋頂故意蓋得傾斜。
3 ｜ 仔細比較圖中的四條白色參考線條，便知道三座房屋均有不同程度的傾斜。

阿姆斯特丹發展於 13 世紀，當時只是阿姆斯特爾
河旁邊的小漁村。圖中就是阿姆斯特爾河，攝於
Waterlooplein 地鐵站附近。

另外，運河區的房屋並沒有特別區分社會階級，也就是說沒有富人區，也沒有平民百姓區，無論是華麗的建築還是純樸的建築，都能共融一處，因此在同一條街上，隨處可見豪宅與倉庫比鄰而居，這也反映出阿姆斯特丹過去的特色。

運河上最高的西教堂

說到這幾條運河上特別引人注目的建築，首推坐落於王子運河岸邊的西教堂（Westerkerk）。這座建於 17 世紀的新教教堂，外觀屬於磚石建造的荷蘭文藝復興式風格，鐘塔高 85 公尺，是阿姆斯特丹最高的教堂。塔頂的皇冠是為了紀念 15 世紀末期統治該區的神聖羅馬帝國皇帝馬克西米連一世（Maximilian I）。而國寶級繪畫大師林布蘭，於1669 年安葬於西教堂，可是沒有顯示其墓穴確切的位置；其情婦也埋葬於此。

說到教堂，先把話題跳到中央火車站左前方那座雄偉的聖尼各老堂（Church of Saint Nicholas）。它是市區主要的天主教教堂之一，結合新文藝復興與新巴洛克建築風格，以正面的兩座高聳鐘樓最為雄偉，當然也少不了美麗的玫瑰窗。

位於王子運河岸邊的西教堂，外觀屬於荷蘭文藝復興式風格，
其鐘塔高 85 公尺，是阿姆斯特丹最高的教堂。

中央火車站前的聖尼各老堂。

西教堂旁邊的安妮之家。

藏著努力奮鬥的生命：安妮之家

阿姆斯特丹的街道上遊客熙攘，運河遊船穿梭，在繁華美麗的城市風景中，卻藏有一段悲傷的歷史。與西教堂比鄰的安妮之家（Anne Frank Huis），是二戰中安妮·法蘭克（Anne Frank）與家人躲避納粹迫害的藏身處，在這裡，她寫下家喻戶曉的《安妮的日記》（Het Achterhuis）。她和家人躲藏了兩年多，最後她在 1945 年 2 月死於 Bergen-Belsen 集中營。當時的藏身處後來改建成展館，並於 1960 年開放。《安妮的日記》是一本紅色方格的日記本，內頁手稿的真跡在此處展示。但請注意，場內禁止拍攝。

阿姆斯特丹的起源：水壩廣場

前文提及，當時的人們為了防洪，在河上興建河口水壩，因而有了阿姆斯特丹之名，因此也該說一說鼎鼎大名的「水壩廣場」（De Dam）。

廣場位於老城區的中心，形狀大致呈長方形，東西長 200 公尺，南北約 100 公尺。廣場曾經是這座城市唯一的市中心廣場，而阿姆斯特爾河也曾流經此處；不過因應城市發展所需，該河段於 1858 年被填平了。時至今日，河口水壩早已不復見，但水壩廣場卻成為城市的心臟。

熱鬧的水壩廣場無時無刻都擠滿觀光客，廣場周邊有

水壩廣場是阿姆斯特丹的起源，也是城市的心臟。廣場上最注目的就是阿姆斯特丹皇宮。周邊有大量商場、餐廳、紀念品店，滿是觀光客。

阿姆斯特丹皇宮（Royal Palace Amsterdam）、新教堂（De Nieuwe Kerk）與戰爭紀念碑（National Monument），這裡離中國城、紅燈區都不遠，喜歡購物的朋友也可以來旁邊的Nieuwendijk Gitme街，各種國際服飾品牌都可以找到。順帶一提，聳立在廣場上、約有22公尺高的戰爭紀念碑，是為了紀念二次大戰的受難者，而它也成了水壩廣場的標誌。

　　在廣場上，首先吸引我的是氣宇軒昂的阿姆斯特丹皇宮。目前荷蘭皇室有三座宮殿，另外兩座位在海牙。這座建於1655年的新古典主義風格建築，前身是市政廳，於1808年才改為荷蘭皇宮。不過在法國占領荷蘭期間，它一度成為拿破崙的住所。

荷蘭前任女王的辦公室

　　阿姆斯特丹皇宮目前是荷蘭碧翠絲公主殿下（HRH Princess Beatrix of the Netherlands）的辦公室，部分區域有對外開放，展出許多荷蘭黃金時代的藝術品，最有看頭的就是象徵宇宙的市民廳（Citizens' Hall）。另外，皇宮與水壩廣場也成為接待國外重要來賓的場所。這位碧翠絲公主殿下可以使用如此具重要地位的宮殿，自然是身分顯赫。

阿姆斯特丹皇宮，目前是荷蘭公主、也是上一任荷蘭女王碧翠絲的辦公室。

事實上，她就是上一任荷蘭女王，於 1980 年登基成為荷蘭第六代的君主，儘管其形象比較保守、拘謹，但在當時被喻為歐洲皇室中最受歡迎的君主之一。

碧翠絲女王於 2003 年、年屆 75 歲時讓位予其長子。退位後，她的稱號回復為登基前的碧翠絲公主殿下，居住在烏特勒支的德拉肯斯坦城堡（Drakensteyn）。荷蘭經歷幾位女王的統治後，威廉—亞歷山大王儲成為 123 年來的第一位國王，即第七任荷蘭君主，與家人居於海牙的諾代恩德宮。

教堂與紅色櫥窗竟如此親近

早已變成當地主要觀光景點之一的紅燈區（Red-Light District）緊鄰水壩廣場，即使是獵奇心不特別重的一般遊人，似乎也難敵其魅力。

專門前來朝聖的旅行團真的很多，通常在白天，不過也有在晚上造訪，隨時都很熱鬧。我們與朋友在飯後散步，邊走邊聊，忽然，朋友指著對面馬路上兩個亮著紅燈的櫥窗說：「有人開工啦！」原來，有一位男士走過，本來看似有個重要的目的地要前往，可接著又很自然地停下腳步，然後與櫥窗內的人對望了片刻……

接著，朋友又提到，性工作者的建築物旁有一座教堂。我輕聲回應：「噢，不說不知道，教堂與紅色櫥窗竟然可

我拍到了那一霎那！（當時大約晚上 8 點多，天還未暗下。）後來朋友告知，圖中右方竟是一座教堂……

以如此親近！」

如果你不想參加旅行團，又對紅燈區充滿好奇，比如那些性工作者是怎麼來的、這個產業是如何形成的、紅燈區過去的歷史與現在的改變等等，紅燈區祕密博物館（Red Light Secrets Museum）應該能為你解答。其中很多人最好奇的問題就是「到底消費一次要多少錢？」，答案是：基本消費為 50 到 60 歐元，超時的話，每分鐘 8 歐元起跳。如果希望獨自深入了解紅燈區的一切，就去這座博物館吧！

INFORMATION ─────────────

西教堂：www.westerkerk.nl
安妮之家：www.annefrank.org
阿姆斯特丹皇宮：www.paleisamsterdam.nl
新教堂：www.nieuwekerk.nl
紅燈區祕密博物館：www.redlightsecrets.com

泡進品酒的世界裡
Heineken 體驗館

想起來，Heineken 應該是我品嚐的第一個歐洲品牌啤酒，那時我剛入職場。Heineken 在香港叫作「喜力」，台灣則慣稱「海尼根」，這裡我自然用最親切的方式稱呼它。我想不起來在什麼地方、什麼情況下喝下第一口喜力啤酒，也不知道它的產地，也許首先吸引我的是那亮麗的綠色瓶身，接著便喜歡上那清爽甘醇的味道。後來閱讀瓶身上的小字，才發現——「Heineken Brouweruen B.V. Amsterdam Holland」。

順帶一提，丹麥的嘉士伯（Carlsberg）也是綠色瓶身，我們曾到訪位於哥本哈根的嘉士伯啤酒博物館，那處也是一座值得推薦的啤酒博物館。

釀造出啤酒歷史的博物館

喜力體驗館（Heineken Experience）是阿姆斯特丹市中心一個很熱門的景點，可以搭乘公車、電車或地鐵前往，

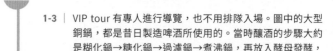

1-3 | VIP tour 有專人進行導覽，也不用排隊入場。圖中的大型銅鍋，都是昔日製造啤酒所使用的。當時釀酒的步驟大約是糊化鍋→糖化鍋→過濾鍋→煮沸鍋，再放入酵母發酵，過濾後就成為啤酒了。整個製程大約需要三個星期。

4-5 | 參觀尾段是多媒體互動區，大家都玩得很開心。

6 | 這是酒吧區，Heineken tour 的旅客可在此享受一杯免費的啤酒。當時還有倒啤酒的示範表演讓大家欣賞。

7-8 | 旅客可買到各款啤酒杯，也可以額外付費請人刻上名字。

9 | 喜力推出的無酒精啤酒，這些特別版印有不同國名，很受旅客歡迎。

最靠近 Vijzelgracht 地鐵站，或是從荷蘭國家博物館走過去也很方便。體驗館本身也是歷史悠久的啤酒釀造廠，直至 1988 年才停止生產啤酒，轉型為體驗館，開放參觀。

參觀喜力體驗館，可以分為「Heineken tour」與「VIP tour」。一般旅客在網上的分享大多是 Heineken tour，持有 Holland Pass 的金色兌換券可換取的也是 Heineken tour 的基本門票，價錢為 20 多歐元，預先在官網買票可享折扣，也可選擇參觀時間。

參加 Heineken tour 的旅客入場後，就是自行參觀裡面的各個展區，比如喜力誕生展區、啤酒釀造過程展區、喜力博物館馬廄，以及互動體驗區等等。最後來到酒吧區，這是最熱鬧的時刻，因為每人可以免費喝到一杯新鮮美味的喜力啤酒；當然未滿 18 歲的人不能飲酒，但可以喝可樂等沒有酒精的飲料。

而裡面竟然看得到馬匹！為什麼呢？因為昔日汽車還未普及時，專門搬運啤酒的就是馬匹。因此博物館目前還保留昔日的馬廄，多匹

他是 VIP tour 的導覽員，來到活動的品酒環節時，便搖身變成酒保，送上不同口感的啤酒。

喜力馬還生活在裡面，牠們在特別活動或節慶時會出動，就像吉祥物或親善大使一樣，為大家帶來歡樂。

至於購物方面，不用多說，當然有很多非常吸引人的喜力產品，有些更是只有這家博物館才買得到的限定產品。而即使你不愛喝酒，也應該很想要「製作一支屬於自己的啤酒瓶吧？那來這裡就對了！你可以先買一支喜力啤酒，請工作人員在瓶身上刻上你的英文名字，費用約 7 歐元。

在靜止的小世界裡品味美酒

接下來便要談談我們參加的 VIP tour，票價約 60 多歐元。在網路上找到的 VIP tour 資訊不多，官網介紹也有限。那麼 VIP tour 跟 Heineken tour 究竟有何不同？

首先，VIP tour 的團員人數有限定，大約只有十多名左右，全程約兩個多小時。會有一位導覽員（兼任酒保）為旅客進行全區導覽，上述各展區的參觀不只能走透透，更能聽到一些自行參觀所無法知道或看透的事情，收穫相當豐富。

再來是參觀 Heineken tour 沒有安排的行程，這才是 VIP tour 的重點。第一站是喜力啤酒公司專門用來招呼嘉賓的餐廳，中間有一個裝飾華麗的大酒吧區，雖然我們不是在此品酒，但可以在酒吧內扮演酒保，留影紀念。而欣

1 ｜ Heineken tour 的最後環節，大家可以訂購印有你的名字的喜力啤酒。
2 ｜ 在電腦輸入英文名字，每瓶約 7 歐元。
3 ｜ 每瓶均有獨立紙盒。
4 ｜ 至於 VIP tour 的旅客，是不用額外花錢的，團費已包含。結束時，導覽員便會送上。此為印上 Jackman 和 Erica Fu 的喜力啤酒瓶。

賞到一些收藏價值較高的喜力產品，也是 VIP tour 的亮點。

最後一區才是高潮。我們走進一間很有氣氛的小酒吧，燈光昏暗、空間密閉，我有一種自己正置身在時間停止的小世界中。導覽員瞬間變身為酒保，送上幾款不同口感的喜力啤酒，再配上起司等多款小食，悠閒氛圍讓我們可以放鬆心情，細心品味美味的生啤——不同濃淡味道的啤酒，與不同小食的搭配，帶給我們味蕾絕妙的享受。最後酒保舉起酒杯，我們也跟著舉杯，大家一起興奮地用荷蘭話乾杯——「PROOST ！」

世界獨一無二的驚喜禮物

一邊談笑品酒，一邊聽著關於這款啤酒的故事，我不

VIP tour 的品酒活動，可以讓我們品嚐五款不同口感的啤酒，再搭配不同小食，十分享受。

VIP tour 旅客可欣賞到喜力公司收藏的古董及罕見產品。

忘在心中默默記下那幾款啤酒的名稱，之後到外面餐廳或酒吧一定要再品嚐一回。就在這時，導覽員從身後的櫃子裡拿出一份「驚喜」——已經打印上每個人的英文名字、獨一無二的瓶裝喜力啤酒！我們原本打算在活動結束後自己去店裡訂製，沒想到根本不用，導覽員一開始就準備好了。官網根本沒透露 VIP tour 會送上這份禮物，因此真的感到非常意外。

　　雖然啤酒體驗館很有趣，但還是要叮嚀大家：飲酒過量，有害健康。◼

喜力啤酒公司專門招待嘉賓的餐廳，平日不開放。機會難得，大家輪流在吧檯拍照打卡。

INFORMATION ————————————————

喜力體驗館：www.heinekenexperience.com

阿姆斯特丹的生活藝術街
Haarlemmerdijk 街特色雜貨區

Haarlemmerdijk 街兩旁盡是獨立小店及餐館。黃昏時分,當地人都下班了,紛紛來到街上的超市購物,或是到餐館享用晚餐。我們在洗衣店放下衣服後,便慢慢地逛街挖寶。

話說第一天抵達後,我們在酒店休息了一下,便馬上外出。當時已是下午 5 點多,我們大約走了十多分鐘,便來到市區第一站——Haarlemmerdijk 街。

Haarlemmerdijk 是連接繁華熱鬧大街的小街道,中間是單向馬路,街道兩旁及周邊都是三、四層高的建築物。

這裡沒有任何一家大型連鎖名店,而是滿布各式各樣的獨立精品店、雜貨店、古董店、服裝店、酒吧、餐館、咖啡店、一般超市、有機超市、自助洗衣店等店鋪,所以又被當地人喻為「特色雜貨區」。

環境整齊乾淨的自助洗衣店。客人可以選擇完全自助,或是額外付費請店員處理洗衣、烘衣與摺衣的服務。我們選擇後者。

想洗衣就找自助洗衣店

來到荷蘭之前,我們已在瑞士遊玩了十天,所以第一天很需要在荷蘭處理洗衣的問題。事前我們便已找到好幾

其中一家獨立小店，賣什麼已不是重點，重點是其外觀掛滿綠油油的植物，才是最吸引我的。

家市區的自助洗衣店（在 Google Map 搜尋「self-laundary」、「laundary」便可找到），最靠近我們酒店的是位於 Haarlemmerdijk 街中段的「the Washing Company」。

　　事實上，一般華人旅客在網上找不太到 Haarlemmerdijk 街的資訊，多虧為了找自助洗衣店，我們才驚喜知道 Haarlemmerdijk 街的存在，這裡可說是深受當地人及歐洲旅客歡迎的尋寶地。

　　後來，我們幾乎天天到訪這條小街，原因有四：第一，十分靠近我們的住宿地；第二，特色的小店非常多，值得花時間慢慢逛；第三，這裡有一般超市與有機超市；第四，這裡的餐館十分平價。

附近還有一家有機超市，我們在此補給一下。

在廚具雜貨店挖到寶

說到讓我們流連忘返、又挖到寶的小店，就是一家名為「DEKSELS！」的廚具雜貨店，你能想到、或意想不到的廚房各類用品，這裡都能找到；而最大的亮點是，這裡的貨品都是荷蘭或其他歐洲國家製造的，有些更是手作的。

打烊前，我們找到第一件在荷蘭送給自己的禮物——一組垂直的廚房紙巾架。一開始以為是塑膠製品，拿起來卻很沉，原來是鐵製的。整副鐵架都塗上白漆，那份沉重手感瞬間消失，轉而散發出優雅的品味，直覺馬上告訴我：「我的廚房需要它！」另外，我又買了十多條印有鬱金香與荷蘭房子等可愛圖樣的餐巾，雖是歐洲製造，價格卻只有幾塊歐元，便打算給自己留兩條，其餘當伴手禮送給朋友。

說回 the Washing Company。它天天營業，晚上 7 點打烊（最後的接單時間是傍晚 6 點），所以我們趕在關店前前往。這是一

鐵製廚房紙巾架售價 22.5 歐元，一眼就愛上，馬上買下來！

家滿大的自助洗衣店，環境乾淨，洗衣機及烘衣機各有十多部，收費為每 6 公斤 7 歐元，烘衣每 6 分鐘 0.2 歐元，只收現金。來到店裡時，剛好遇見兩位旅客提著衣服離開。

當時我們正研究如何操作洗衣機，店員突然出現，表示只要額外付費，便可以代客洗衣、烘衣、摺衣。太好了！二話不說交給他，我們也可以善用時間，輕鬆地逛街去，於是就在 DEKSELS！順利挖到寶。大約一個多小時後回去，乾淨整齊的衣服便已經放進我們帶來的空旅行箱中了。

兩層樓的 DEKSELS！廚具雜貨店，滿布數量驚人的荷蘭及歐洲製的生活用品，可謂琳琅滿目。

CHAPTER **2**

AMSTERDAM

阿姆斯特丹

Part 2

上一堂荷蘭藝術史

AMSTERDAM

見證梵谷燃燒的一生
梵谷博物館

在阿姆斯特丹停留的這幾天,有太多地方想去,其中逛博物館無疑是最重要的環節,所以頭兩天行程,便集中在幾間世界知名的博物館上。經過這趟藝術洗禮,拜見多位荷蘭國寶級的藝術大師後,不單打開了我的視野,也感到無比滿足!

逛不完的博物館之都

我們當天在中央火車站坐上 2 號路面電車(12 號亦可),前往中央運河環帶外的博物館廣場(Museumplein)。阿姆斯特丹有許多大大小小的博物館,堪稱博物館之都,而這座博物館廣場區,會集了現代美術館(Moco Museum)、荷蘭國家博物館(Rijksmuseum)、阿姆斯特丹鑽石博物館(Stichting Diamant Museum Amsterdam)、阿姆斯特丹市立博物館(Stedelijk Museum Amsterdam),以及梵谷博物館(Van Gogh Museum),真是人文薈萃。(後文提到的林布蘭博物館則位於運河區。)

在博物館廣場區最重要、人氣也最高的兩處,是荷蘭國家博物館與梵谷博物館。路面電車駛過由多條運河交織成的市區後,建築物之間的距離開始拉開,視野變得廣闊,

梵谷從 27 歲那年才決心成為畫家,憑著自身努力與天賦,短短十年的創作生涯,便留下 860 幅油畫、1,200 多張素描、信中速寫、水彩畫等作品,另有 820 封書信。

不久便進入博物館廣場區。首先抵達的是 Rijksmuseum 站，顧名思義，要到荷蘭國家博物館便是在此下車。我們繼續留在車上，很快抵達 Van Baerlestraat 站，下車即見到梵谷博物館。

梵谷博物館分成兩棟，主建築方方正正的，由荷蘭建築師赫里特・里特費爾德（Gerrit Rietveld）所設計，又稱為「Rietveld Building」，1973 年完工，博物館也在同年開幕。另一棟是 1999 年由日本建築師黑川紀章（Kurokawa Kisho）所設計的新側翼（Exhibition Wing），外觀是不規則的橢圓形。現場購票處設在主建築，正式參觀則從新館進入。

梵谷（Vincent van Gogh）是許多人喜愛的繪畫大師之一，不僅是因為他那戲劇性的悲劇人生，更因為他的畫作充滿濃烈的情感與渲染力，彷彿有靈魂在燃燒一般。其一生雖然短暫，可是創作力相當驚人，27 歲才決心成為畫家的他，在十年的創作生涯中完成的作品非常多，包括 860 幅油畫、1,200 多張素描、信中速寫、水彩畫，以及 820 封書信。

油畫是梵谷的代表，向日葵是他的象徵，黃色是他的顏色。

1 ｜梵谷博物館由兩座建築物組成，右為主建築，左為新側翼。
2 ｜主建築設有兩部自動售票機，持有其他旅遊卡的人可在旁邊的櫃檯換取門票。
3 ｜旅客從新側翼正門進入展館。
4 ｜梵谷博物館旁邊的阿姆斯特丹市立博物館。

1 ｜ 主建築共有四層，屬於常設性展覽。
2-3 ｜ 館內提供語音導覽機的租用，可支援中文。
梵谷的生命歷程十分豐富，透過導覽更能體
會。導覽機的畫面是《吃馬鈴薯的人》。

世上收藏最多梵谷的博物館

梵谷知名的傑作散布在全球好幾座美術館裡，若以數量來說，阿姆斯特丹的梵谷博物館無疑是最多的，共收藏了兩百幅油畫與五百多幅素描，還有他寫給弟弟西奧的七百多封信，收藏數量高達其全部作品的四分之一。這些作品原本都是由西奧的後代子孫保管，後來以幾百萬美金的超低價全數轉讓給荷蘭政府，條件是成立「梵谷基金會」，並由梵谷後人主持及管理，同時要在阿姆斯特丹蓋一座「梵谷博物館」。事實上，如果沒有梵谷的弟弟、弟妹及其侄子的努力，為他推廣作品、宣揚其繪畫理念，世人也無法理解他的心路歷程與作品之美。

梵谷的生平事蹟及種種令人回味的故事，不再贅述，網上資料或相關書籍多如繁星。簡言之，這座博物館共有四層樓，按照梵谷生平、畫作等項目劃分為幾個展區。他的畫風公認有五個時期，包含荷蘭時期（The Netherlands, 1880-1885）、巴黎時期（Paris, 1886-1888）、阿爾勒時期（Arles, 1888-1889）、聖雷米時期（Saint-Rémy, 1889-1890），以及奧維時期（Auvers-sur-Oise, 1890）。

至於鎮館之作，都是我非常鍾愛的作品，包含荷蘭時期的《吃馬鈴薯的人》（The Potato Eaters）；巴黎時期的《雨中的橋》（Bridge in the Rain）；阿爾勒時期的《在阿爾勒的臥室》第一版（Bedroom in Arles）、《向日葵》（Sunflowers）、《黃房子》（The Yellow House）、《盛開的杏花》（Almond Blossom）；以及奧維時期的《麥田群鴉》（Wheatfield with Crows）。

館內的紀念品都很有質感，收藏價值甚高，我們買了好幾件，比如《盛開的杏花》的抱枕套便買了兩個，為家居布置增色不少。這幅畫是梵谷為了慶祝弟弟西奧

除了常設展區，也有期間限定展區設於新館內，每年大約有二至三場。我們參觀的是「梵谷與向日葵」的主題展，
向日葵是梵谷最熱衷的題材。而紀念品店也會配合特展，販售許多以向日葵為主題的產品。

的長子出生，便畫了一幅盛開的杏花作為賀禮，代表新生的喜悅與希望。這位侄子以梵谷的名字「Vincent」命名，後來成為梵谷博物館的創始人。

參觀前的四大心法

參觀前有幾個事項要注意：首先，一定要先在官網購票，現場掃瞄電子票證即可直接入場，省去排隊購票的時間。第二，務必租用可支援中、英語的語音導覽機，導覽解說有助於認識梵谷的心路歷程與人生觀，而且導覽機也不只能聆聽，也能以多媒體形式互動，比如一幅畫作介紹結束後，畫面上會出現當年梵谷住的病院的真實照片，或是可在螢幕上試著調出與梵谷畫中相同的某種顏色等，是很好玩的互動小工具。第三，不可照相，館內除了大廳、

一樓公眾區域以外一律禁止，請用肉眼與心，專注沉醉在梵谷的世界吧。

第四，博物館在夏季週五晚上會開放至晚上9點（部分月分的週六也會延長時間），晚間也會不時舉行期間限定活動，例如曾舉辦過的梵谷之夜，平時嚴肅莊重的

懷才不遇、生不逢時、飽受疾病之苦……即使在種種困厄的條件下，梵谷仍然走出屬於自己的一派風格。

1-2 ｜ 館內的紀念品都很有質感，值得收藏。　　3 ｜ 兩款《盛開的杏花》紀念品。　　4 ｜ 我們買了《盛開的杏花》抱枕套，為居家環境增色不少。

博物館搖身一變為酒吧，滿滿的夜店風相當特別。所以可以事前注意官網，說不定會遇上驚喜的特別活動。

從梵谷接觸畫畫到開始走出自己的風格，到最後生病、選擇結束自己的生命，遊歷本館就像走過梵谷的一生。離開展館後，總覺得好像有一部分的我還停留在博物館裡，久久不能自已。即使有幾幅非常經典的名作沒有在此展出（畢竟沒有一位藝術大師的所有作品能集中在同一處收藏與展示），但能一次觀看這麼多的梵谷名作，我已很滿足。

《星空下的露天咖啡座》在哪裡？

最後要說說收藏梵谷作品第二多的地方，就在阿姆斯特丹附近的庫勒慕勒美術館（Kröller Müller Museum）。可以坐火車前往 Arnhem Centraal，再轉公車，總共約一個半小時。美術館位於高費呂韋國家公園（Het Nationale Park De Hoge Veluwe）內，以梵谷、現代繪畫與雕塑為主。值得注意的是，梵谷的《星空下的露天咖啡座》（*Cafe Terrace at Night*）就在這裡。∎

INFORMATION

梵谷博物館：www.vangoghmuseum.nl
庫勒慕勒美術館：www.krollermuller.nl

我們從畫作可以看到梵谷不同時期的人生百態，
感受他燃燒靈魂也要創作的震撼。

NOTE

其他梵谷名作目前的所在位置：
- 荷蘭庫勒慕勒博物館：《星空下的露天咖啡座》（*Cafe Terrace at Night*）
- 慕尼黑新繪畫陳列館：《向日葵》（*Vase with Twelve Sunflowers*）
- 紐約現代藝術博物館：《星夜》（*The Starry Night*）
- 加州蓋蒂中心：《鳶尾花》（*Irises*）
- 巴黎奧塞美術館：《嘉舍醫師的畫像》（*Portrait of Dr. Gachet*）、《羅納河上的星夜》（*Starry Night Over the Rhone*）

遇見林布蘭與維梅爾
荷蘭國家博物館 Part 1

荷蘭國家博物館位於博物館廣場區一帶，這裡有多座美術館，若想逐一仔細參觀，即使花上幾天都不夠。我們參觀完梵谷博物館後，再步行到位於阿姆斯特丹運河區外圍的荷蘭國家博物館。

眾多的荷蘭博物館中，參觀人數最多的，非荷蘭國家博物館莫屬，它也是我最愛的博物館之一，館內主要收藏與展出荷蘭黃金時代的繪畫作品（Dutch Golden Age painting）。林布蘭（Rembrandt van Rijn）與維梅爾（Johannes Vermeer）同屬黃金時代之最的重量級人物，前者更被喻為荷蘭史上最偉大的畫家。他們不朽的名作，包括林氏的《夜巡》與維氏的《倒牛奶的女僕》，並列為鎮館之寶，百分之九十九的參觀者都是為了觀賞這兩幅名畫而入場。

NOTE

要到荷蘭國家博物館，可從中央火車站搭乘路面電車 2 號或 12 號，在 Rijksmuseum 站下車。到梵谷博物館，則要在稍後的 Van Baerlestraat 站下車。

1 │ 荷蘭國家博物館外觀與中央火車站相近，因為兩者都是皮埃爾·庫貝的作品。

2 │ 荷蘭國家博物館內部一角。

在一片陽光燦爛中，我們離開梵谷博物館，
漫步朝下一站的荷蘭國家博物館（圖左下側）前進。

位於阿姆斯特丹運河區外圍的荷蘭國家博物館是我最愛的博物館之一，
典藏多幅一生必看的經典名畫。

另一間中央火車站？

　　荷蘭國家博物館原本坐落於海牙，在 1800 年開幕，是在 1808 年時遷至阿姆斯特丹，又於 1885 年搬到現址。其外觀與阿姆斯特丹中央火車站有點相近，都是哥德式混合文藝復興式的風格，不少人在網路上觀看兩者的照片往往分不清楚，因為它們同出荷蘭知名建築師皮埃爾・庫貝（Pierre Cuypers）之手。

荷蘭國家博物館的黃金三層樓

博物館分為三層，參觀者首先進入的地方是 Level 0（第一層），這裡有接待處、衣帽間、販賣部，以及 1100 年至 1600 年的作品區與特別展覽。

Level 1（第二層）是 1700 年至 1900 年的作品區，也有數幅梵谷巴黎時期的作品，當時他尚未陷入日後不斷糾纏他的精神問題，畫風比較一板一眼，不過其中一幅自畫像仍是很吸引人。

值得一提，這裡有庫貝圖書館（Cuypers Library），是荷蘭規模最大、歷史最悠久的藝術史料庫。這座圖書館的名稱便取自博物館的建築設計師皮埃爾・庫貝之名。

有別於梵谷博物館，此館的任何展區都可以拍照，且可免費下載 Rijksmuseum APP，不需付費借用語音導覽機。這款 APP 很棒，一定要下載，旅客不僅可以用來買門票（不

展館提供的免費 APP 就是語音導覽，一定要安裝，非常好用。

位於 Level 2 的大廳及繪畫玻璃，是推薦參觀路線必經之處。

1-2 ｜ 庫貝圖書館是荷蘭規模最大、歷史最悠久的藝術史料庫。
3-4 ｜ 黃金時代的歷史文物也是亮點，此為做工精細的模型屋，以及 17 世紀的荷蘭戰船模型。

用排隊買票），而且它也有多媒體導覽機的功能（包含中文）。另外，APP 也提供精華的參觀路線及不同主題的路線，來貫穿每一層樓的亮點作品，方便旅客按自身喜好與時間來參觀。

　　對於時間十分有限的旅客，若連 Rijksmuseum APP 提供的精華路線也無法走完，那就建議直接登上 Level 2（第三層）去看《夜巡》與《戴珍珠耳環的少女》。不過我真的要強調，只看鎮館之畫，會錯過許多藝術寶藏，尤其是荷蘭黃金時代的繪畫作品。由於我們早就預留足夠的時間，每一層、每一角落都可以漫步走過一遍，不少名師作品也因此在心裡留下深刻的印象。而花最多時間去逛的展區，不用說，就是 Level 2 啊！

荷蘭黃金時代的藝術之美

　　旅客要登上最高的 Level 2，才能欣賞到本館最大的精華。這個 1600 年至 1700 年的作品區，展出的都是荷蘭黃金時代的藝術作品。當時荷蘭剛脫離西班牙獨立，舉國上下都充滿活力、盼望，而且海外貿易、國內政經環境都大有斬獲。追求藝術的人變得更多，而荷蘭的繪畫贊助者有別於義大利或法國的教會或貴族，多來自庶民或行會，因此題材也以描繪日常風情居多。

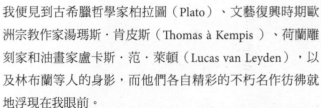

維梅爾是荷蘭黃金時代另一位重量級的畫家，擅長精細描繪一個限定的空間，優美地展現人物的真實質感，與物體本身的光影效果。

　　大廳位在 Level 2 的入口處。從這裡可以看到博物館內部精緻的空間設計，挑高的拱形大廳與彩繪玻璃窗自然是欣賞的重點。彩繪玻璃窗展示多位對歷史有深遠影響的人物，在焦點位置上，我便見到古希臘哲學家柏拉圖（Plato）、文藝復興時期歐洲宗教作家湯瑪斯‧肯皮斯（Thomas à Kempis）、荷蘭雕刻家和油畫家盧卡斯‧范‧萊頓（Lucas van Leyden），以及林布蘭等人的身影，而他們各自精彩的不朽名作彷彿就地浮現在我眼前。

　　這層樓最有名的畫家當屬林布蘭與維梅爾。前者為舉世聞名的大師、光與影的魔術師、林布蘭式照明（Rembrandt Lighting）的創造者，除了此館必看的《夜巡》，還有他眾多的自畫像。到訪當天，我們很幸運見證到《夜巡》史上最深入且全面的修復計畫，這部分留待後文介紹。

除了 APP 外,重點作品都會提供紙本的導覽資料,圖文並茂,旅客可免費索取,一邊閱讀,一邊觀賞真跡。

專注凝神的《倒牛奶的女僕》

　　維梅爾最為人所樂道的是,他栩栩如生地描繪出荷蘭日常生活的風情。相對於多產的林布蘭,他流傳至今的畫作只有三十多幅;事實上,他一生可能創作有四十多幅,此館收藏四幅,《倒牛奶的女僕》(The Milkmaid)就是鎮館之寶。據說 20 世紀初,此畫差點被美國人買走,後來荷蘭國會決議由國家出資買回,才弭平當時的民怨。而他另一幅有名的《戴珍珠耳環的少女》,則收藏在海牙的莫瑞泰斯皇家美術館。

NOTE

《倒牛奶的女僕》(*De Melkmeid / The Milkmaid*)
- 畫家:維梅爾
- 年分:約 1658-1661 年
- 材質尺寸:油彩畫布,45.5×41cm

NOTE

維梅爾的室外畫

維梅爾的主題大多是室內人物，而同樣收藏於荷蘭國家博物館的《小街》，與藏於海牙莫瑞泰斯皇家美術館的《台夫特一景》是少數的室外畫；《小街》也是此館收藏維氏四幅畫作中唯一的一幅室外畫。這兩幅作品，我都很愛，許多人也認為維梅爾的室外畫很精彩，甚至堪稱完完全全重現室內畫的氛圍。後文將詳細介紹。

餘下兩幅維氏畫作，均是人物室內畫，分別是《讀信的藍衣少婦》（*Woman Reading a Letter*）及《情書》（*The Love Letter*）。

《倒牛奶的女僕》完成於 1660 年，畫中的女僕正在全神貫注地工作，彷彿就算屋外發生驚天動地的大事，也不能阻止她倒完牛奶。畫面加上打光，令主體（女僕）更為突出，有如天使般神聖。這種專心致志地做著一件事的畫面十分動人，深深地觸動無數的人。

畫出最美冬景的大師

艾維坎普（Hendrick Avercamp）也是荷蘭黃金時代的代表人物，同樣可以在 Level 2 看到。

艾維坎普有「荷蘭著名的冬季風景畫大師」之稱，天生失聰的他，年輕時為了進行藝術上的深造，曾跟隨荷蘭肖像大師彼得．伊薩克斯（Pieter Isaacks）學習繪畫。作為有「荷蘭著名的冬季風景畫大師」之稱的艾維坎普。

17 世紀荷蘭學院的首批風景畫畫家，他專事繪畫荷蘭冬季風景，內容豐富多彩，生動活潑，並以精心描繪人物在景觀中的形象而獲得好評。他的作品受到普遍喜愛，英國女皇伊莉莎白二世在英格蘭建立的溫莎城堡，便專門收藏其作品。

除了繪畫，Level 2 的黃金時代歷史文物也是亮點，首推的就是台夫特的藍陶、做工精細的模型屋、巨型的 17 世紀荷蘭戰船模型等等。

當然，衷心推薦想欣賞藍陶的旅人要去一趟台夫特。台夫特這座優美的小城，是荷蘭皇室的起源之地，擁有七百多年的歷史。走在台夫特街道，展示美麗藍陶的商店隨處可遇。

INFORMATION ————————————————

荷蘭國家博物館：www.rijksmuseum.nl

NOTE

《有溜冰者的冬天風景》（*Winter Landscape with Ice Skaters*）
- 畫家：艾維坎普
- 年分：1608 年
- 材質尺寸：油彩畫布，78×132cm

阿姆斯特丹的冬天，絕大部分的運河都會結冰，溜冰就成了極受歡迎的冬天休閒活動。這幅《有溜冰者的冬天風景》栩栩如生地描繪冬季歡欣鼓舞的氣氛。有很多精彩的小細節，例如醉倒的人、跳舞的人、在玩冰上曲棍球的人等等，讓人一看就感受到愉悅之情。

荷蘭國家博物館是荷蘭規模最大、遊客人數最多的博物館，其收藏非常豐富，以荷蘭 17 世紀黃金時代的繪畫作品最受注目。17 世紀的荷蘭可謂是荷蘭國力的巔峰期。

史上最全面的《夜巡》修復計畫
荷蘭國家博物館 Part 2

我們終於來到《夜巡》（Nightwatch）的展示廳，林布蘭於 1642 年完成的曠世名作懸掛在此。這個展示區是整座博物館最廣闊的，但仍無法清楚觀覽畫作的全貌，只因名作前方無時無刻都擠滿大量人潮，坐在地上的人比比皆是。如此熱鬧的圍觀盛況，館內任何一幅名作都比不上。

荷蘭史上最偉大的畫家

林布蘭於 1606 年出生在荷蘭共和國時期的萊登（Leiden），是歐洲巴洛克藝術的代表性畫家之一，也是 17 世紀荷蘭黃金時代繪畫的主要人物。雖然在台灣或香港的知名度可能不如梵谷，不過在荷蘭人票選的「最偉大的荷蘭人」名單中，林布蘭的排名常常高於梵谷，因此被喻為荷蘭史上最偉大的畫家。

話說自 1808 年以來，《夜巡》一直在阿姆斯特丹展出。就畫作材料與繪畫技術等方面，此畫是博物館館藏林布蘭作品之中被深入研究最少的一幅，這與其尺寸（此畫相當巨大，363×437 公分，重達 337 公斤）以及長期展出有著莫大關係。

林布蘭在 1669 年 10 月 4 日離開人世，

《夜巡》正在進行規模龐大的修復計畫第一階段。

2019 年即滿逝世五十週年，為此，博物館展開了《夜巡》史上最深入與全面的修復計畫。

全球公開《夜巡》的修復計畫

　　這個被喻為《夜巡》史上最深入全面的修復計畫，稱為「《夜巡》修復行動」（Operation Night Watch），目的當然是為了讓此名作可以更長久地保存下去。計畫耗資 3,000 萬歐元，共有 22 名專家參與，包含 12 位修復師，預計為期至少三年。以往的名畫修復計畫往往不公開，但這次截然不同，《夜巡》沒有被收起來，仍然展示於原本的大廳中，只是展區三面安裝巨型玻璃，設立巨型玻璃修復工作室。也就是說，儘管《夜巡》修復行動正在進行中，來自全球的旅客仍可來到博物館親眼觀賞到名作，更可同時見證《夜巡》龐大而繁複的修復作業細節。計畫過程的文字紀錄、影片、相片及階段性成果等，都會在官網公布。

　　計畫分為兩個階段，「研究」是第一個階段。我們到訪時就是目睹到這部分，當時專家們正在使用一部 X 光螢

光分析儀（Macro X-Ray Fluorescence Scanner），以極慢的速度在《夜巡》表面移動掃描。此分析儀可以檢測顏料中所含的鈣、鐵、鉀、鈷等不同化學元素，以及探測創作過程中構圖的每一次變化。據說早幾年前，此分析儀為達文西的《岩窟中的聖母》進行掃描時，便發現在完成的畫面底下隱藏著達文西的多次構圖，與完成圖有極大的出入。

1642 年至今的近四百年中，《夜巡》遭受多次襲擊，總共經過 25 次的修復。最大規模的一次是在 1975 年，兇手是一位失業教師，他手持鋸齒刀在畫布上劃了 12 刀（事後他堅稱是外星人指使他幹的），留下 50 公分長的傷口，修復專家後來使用蘸有合成樹脂的線，在畫布背面進行補救。又，1990 年，一名參觀者竟在畫布噴灑酸性液體，幸好警衛及時用水沖洗畫布，當時專家判斷酸性液體只滲入畫布表面的清漆，沒有影響到下面的顏料，因此只需重塗一遍清漆即可。

時至今日，一切都進步了。這次修復計畫可以將畫面放大七千倍，專家能夠核實前人的修復方法，甚至探究是否存在一些當時因沒有足夠技術或儀器而錯放的損傷。極高解析度的《夜巡》數位作品已經在官網公開，我們的電腦可以像一部極先進的顯微鏡，將《夜巡》放到最大的限度，清楚觀看每一個筆觸，甚至畫中人物的眼球是用哪些顏料顆粒組成的都看得出來，令人嘆為觀止。

不曉得當今有多少幅舉世名作曾經接受過類似的精密掃描，然後又公開讓世人免費觀看？對我來說，親自在現場觀看《夜巡》的真跡，雖隔著玻璃，且距離有點遠，但肯定是很值得紀念的一次特別體驗。不過若要精細欣賞此畫，便要靠這個擁有極高解析度的數位版本。因此我強烈建議，記得帶上大尺寸的平板電腦去參觀，這樣你既可欣賞《夜巡》真跡，也可以透過平板來細究畫中的每一處細節，這才是完整觀賞《夜巡》的最佳做法。

《夜巡》史上最大型的修復計畫如今已大功告成，更進一步推出終極版本的《夜巡》數位檔案——由第一個 448 億像素的版本，大躍進至 717 億像素。這依舊是迄今為止，藝術界所拍攝的最大、最詳細的一幅圖像。這些寶貴紀錄都可以在官網查閱到。

> **NOTE**
>
> **《夜巡》修復計畫**
> 尺寸達 363×437 公分的《夜巡》相當巨大，一次完整的掃描會拍攝出直列 22 張與橫列 24 張，合計 528 幅圖像。每次掃描需耗時 24 小時，且一次不夠，總共要 56 次！我們當天便見證到其中一次。
> 完整掃描後，專家們又花了數個月的時間整理數據，以及進行大量圖像的數位縫合，終於在 2020 年 5 月發表一張具有極高解析度的《夜巡》數位檔案。這幅堪稱是百年曠世鉅作的數位檔案，像素高達 448 億（注意！單位是「億」，也就是 44,804,687,600），為計畫第一階段畫下句號，同時也成為第二階段修復工作的重要依據。

← 玻璃

修復期間，參觀者可隔著玻璃觀賞名作。

修復專家在巨大玻璃工作區中工作，
圖中的工作人員正站在裝有 X 光螢光分析儀的升降台上進行掃描。

你可能不知道的《夜巡》祕辛
荷蘭國家博物館 Part 3

關於《夜巡》的背景，是描繪當時阿姆斯特丹的一支民兵組織，帶著火繩槍和長槍，舉著旗幟，準備迎戰西班牙軍。即使必須遠觀，但我依然感受到畫中那股在黑夜中十分危急與凝重的氣氛。

許多年前，我在一本介紹世界名畫的書裡，首次遇見林布蘭的《夜巡》。畫中的黑夜畫面，以及畫名中的用詞「Night」，會讓人直覺推斷畫中時間點必定發生在某個特別的晚上，有一種山雨欲來的強烈不安。結果細讀介紹，才恍然發現，原來畫中描述的故事是發生在白天！

事實上，此畫背後藏著幾個鮮為人知的祕辛，當然，《夜巡》名稱肯定是一個最大的誤導！

《夜巡》其實不是發生在晚上

《夜巡》一開始是沒有畫名的。在那個年代，很多畫家並沒有為自己的畫作命名的權利，當時荷蘭正流行所謂的「團體肖像畫」，就是一群富商出資，讓畫家畫出以自己為模特兒的團體畫作。《夜巡》也是這樣的來歷——火繩槍手公會的庫克中隊，為了裝飾公會總部，因此聘請林布蘭作畫。

NOTE

《夜巡》（*Nightwatch*）
- 畫家：林布蘭
- 年分：1642 年
- 材質尺寸：油彩畫布，363×437cm

所以，這幅畫作早期的名稱是「二區民兵連受命於巴寧・庫克隊長之下」（Civic Guardsmen of District II under the Command of Captain Frans Banninck Cocq），至於是誰起的名就不得而知了。

當時流行的團體肖像畫，通常將出資者的臉孔用橫向排列處理，以平等的地位來描繪。但林布蘭別出心裁——畫面中，巡守隊正穿過龐大建築物的拱門，隊長在向副隊長下達出動指令，其他隊員則在準備的同時也展現出各自不同的動作。林布蘭採用嶄新的構圖，讓縱深的構圖得以創造出動態與戲劇效果的畫面。

而之所以說這幅畫描繪的是白天的場景，是根據畫面左上角照進來的強光，讓隊長伸出的左手在副隊長的腹部上形成明顯的影子推斷而來的。據專家分析，如果那道強光是月光，影子不會如此清楚，而火把或蠟燭應會有多重光影。總而言之，夜間的光源肯定是無法呈現出畫中這種光影的。

至於會有「Nightwatch」一名的原因，原來是這幅畫在火繩槍手公會總部懸掛了很長的一段時間，之後曾被移往他處，擁有者也換了多位，歷代擁有者為了保護畫作，都

畫中人物是按照自己在畫中位置的顯眼程度來付錢的，因此推斷隊長及副隊長是出資最多的人。另外，專家分析，在月光下的話，手與腳的影子不會如此清楚，因此推斷這幅畫的時間點是在破曉時分。

會在表面塗上一層透明漆，但漆的品質不佳，導致畫面逐漸變黑，竟由白天漸漸變成黑夜了。於是後來的人（當然沒有看過最初的白天版本）便建議用上「Nightwatch」這個標題，第一次出現是在 1797 年。由於這個名稱太受歡迎了，即使畫的是白天而不是黑夜，荷蘭國家博物館仍一直沿用至今。今日，人們說起《夜巡》，必然想起林布蘭，說起林布蘭，則必然想起這幅其實是發生在白天的《夜巡》。

憑空想像的英雄會師

畫中的隊伍是當時阿姆斯特丹的民兵組織，但在真實的歷史中，他們並沒有參與對抗西班牙的荷蘭獨立戰爭，職責與角色也與畫中描繪的有所不同。他們只是負責守衛城門、撲滅火災、維持城內治安等工作。在林布蘭身處的年代，這個組織反而比較像「酒友會」，成為一份子或許是一種榮耀，但聚在一起也只不過是喝酒聊天。畫中英雄齊集會師、旌旗飄揚、火槍上膛……這些都是林布蘭的憑空想像而已。

太巨大的《夜巡》竟然被裁過？

如此巨大的《夜巡》，林氏到底用了多少時間完成？

可惜沒有紀錄，只知道他在 1640 年收到一筆訂金，於 1642 年完成畫作，至少用了一年的時間作畫。但沒有人知道在那筆訂金之前，他是否已經開始動工。

也沒有人知道林布蘭繪製《夜巡》的酬勞是多少。畫中的每一位人物都是按照自己在畫中位置的顯眼程度來付錢，正中央穿著黑色服裝的隊長，及其左側站立的副隊長特別醒目，看來是出資最多的人了。歷史記載，林布蘭並沒有透露過繪製《夜巡》的酬勞，但傳說《夜巡》的總額為 2,000 至 4,000 荷蘭盾（Guilder），換算作現代貨幣約為 25 萬至 75 萬美元，這已是他眾多作品中最高酬金的畫作。

遺憾的是，1715 年，這幅巨型油畫要搬進阿姆斯特丹市政廳，由於進不了大門，不曉得是誰，竟然下令裁掉畫布的四邊，其中左邊還特別大條，事後那四幅被裁掉的畫布下落不明，所以我們現在觀看到的是被裁剪後的《夜巡》。

後來，修復專家根據紀錄，把被裁剪前的《夜巡》製作成數位檔案，人們可以在官網發現，原來左邊還有兩位人物，而現在置中的隊長，其實是站在中間偏右的位置。

1939 年 9 月，因為二次世界大戰爆發，《夜巡》與其他三萬多件藝術品被迫從阿姆斯特丹撤離。起初藏於附近的海岸，後來 1942 年被搬到接近荷蘭邊界馬斯垂克的聖彼得山的山洞中藏匿。

《夜巡》被裁剪過，
左邊還有兩位人物，
現在已經完全消失。
而隊長其實是站在中
間偏右的位置。

1715 年發生《夜巡》四邊被裁剪的重大事件，從此成為「不完整的版本」。
圖中白線外的範圍全被裁掉了，本圖是修復專家根據紀錄，把被裁剪前的
《夜巡》修復為數位檔案，可在官網看到。

最後，要讚揚的是荷蘭國家博物館，開放讓人免費下載全館作品的高解析數位檔案，並且鼓勵大家使用、製成不同的文創品，比如平板電腦的保護套、野餐墊、布幔、旅行袋、雨衣等等，並在官網分享。這樣就可以促使更多人認識名作，使其一代又一代地流傳下去。

1 ｜ 後來我們前往馬斯垂克的聖彼得山山洞，正是二戰期間《夜巡》被收藏的地方。
2 ｜ 博物館官網公開《夜巡》修復計畫的成果，人們可以看到目前最細緻的《夜巡》數位檔案。

林布蘭人生最燦爛的時光
林布蘭故居博物館

走進荷蘭國家博物館，可以看到荷蘭國寶級畫家林布蘭聞名天下的《夜巡》，及其筆下的多幅名作。而市區還有一個地方，是林布蘭粉絲絕不可錯過的——那就是運河區的林布蘭故居博物館（The Rembrandt House Museum）。林氏在那裡度過創作生涯的巔峰時期。

離開故鄉追求繪畫事業

阿姆斯特丹是林布蘭活躍及出名的城市，其出生地其實在萊登，是一座美麗而古老的大學城，在阿姆斯特丹的西南邊，距離上較接近海牙。林布蘭的姓氏是「van Rijn」，英文翻譯為「from Rhine」，也就是「來自萊茵河」之意。好幾代以前，林布蘭家族就在萊登的萊茵河畔經營磨坊生意，據說還曾經擁有過風車。

出身小康家庭的林布蘭，十幾歲開始習畫，父母安排他在當地的拉丁文學校上課，並接受美術教育，還在萊登大學主修哲學。但他還是選擇在 25 歲那年（1631 年）離開萊登，前往阿姆斯特丹發展繪畫事業，想來是因為大城市的機會比故鄉多。

林布蘭故居博物館門票採用林氏自畫像。他一生中為自己繪製大量的自畫像。

從燦爛時光到人生幽谷

這個位於阿姆斯特丹運河區的林布蘭故居博物館，是他本人在 1639 年買下的一整棟房子，那時候他在繪畫界已建立名聲，委託他繪畫的有錢人比比皆是。這棟象徵林布蘭巔峰期的房子，建於 1606 年，位於富商與藝術家聚居的新發展區。房子定價 13,000 荷蘭盾，以當時的物價水平來看是一筆巨款，林氏雖無法一次繳清，但分期付款仍是遊刃有餘。這座房子共有四層，集合居所、工作室、畫室於一身。他與家人在此居住長達二十多年。

這段時光是林氏生涯的巔峰期。工作室設於頂樓，可讓他專心作畫，許多名畫就在那裡誕生。林布蘭飽嚐功成名就的喜悅，可惜隨著妻兒相繼離世，加上社會喜好的轉變，導致委託量減少，而他常常不計代價購買昂貴的畫材，因而陷入龐大的債務危機，進而破產。

最終，在這棟房子的貸款未付清的情況下，於 1658 年被拍賣，以 11,000 荷蘭盾的價格售出。跌入低谷的林布蘭，只好搬到貧民區，居住於小房子直到 1669 年去世。

林布蘭破產時，這屋內的物品被拍賣一空，幸好當時公證人詳列的清單並未遺失，後人得以依照紀錄重現當年擺設的原貌。目前故居博物館的入口，設於 1998 年開放的新展館，展覽空間得以大幅增加；至於旁邊那座，才是真

1 ｜ 入口設於圖左的新展館，右邊建物才是林布蘭的故居。
2 ｜ 免費的多國語言導覽機，包含中文語音服務。

正的林布蘭故居。進場後，我們拿著中文的語音導覽機開始參觀，不必另外付費。

如實呈現林布蘭的生活樣貌

一開始，我們先從地下室參觀，閱讀牆上的林布蘭生平故事，觀看一座標示全屋結構的模型屋。之後開始遊覽整棟屋子的空間。

屋子的客廳、書房等，不但格局高雅，採光也充足，牆上掛滿林布蘭的仿製畫。值得一提的是，當有顧客上門

1 ｜工作人員示範 17 世紀顏料製作的流程。
2 ｜頂樓工作室劃分為三個獨立的小畫室。

時，客廳不單是招待的地方，更是交易畫作的重要場所，這些畫作都是商品，顧客相中後即可直接付款帶走，超方便又有效率。

頂樓工作室就是林布蘭諸多名畫的誕生地，一旁的調色盤說明了早期畫家使用有色植物與礦石來磨製顏料。收藏室裡也蒐集了各式盔甲武器及動植物標本，這些都是林氏藉以描摹自然的重要工具。

林布蘭也隔出幾個空間作為獨立的畫室，可以一次指導數名學生。我們到訪時天氣很好，陽光從窗外照進來，整個空間非常明亮。在如此高級的住宅區裡，竟有這麼大的教學空間，令人驚豔。

我不禁想到《夜巡》完成於 1642 年，應該也是在這座房子內完成的？不過此畫實在太巨大，據我在現場目測工作室的大小，好像不太可能在這裡完成。那麼林氏到底在什麼地方繪製《夜巡》呢？答案終究沒有找到。

最後要說，博物館展示的蝕刻版畫（Etching）也是欣賞的重點。林氏生前還創作了大約 290 張版畫，在歐洲版畫界也享有盛名，可惜後世的焦點全落在他的油畫作品上。蝕刻版畫的創作程序，首先要在金屬版面上進行雕刻，再使用強酸腐蝕，製成凹版，最後用油墨印刷成版畫。博物館每天有兩場免費示範，由專人展示 17 世紀蝕刻版畫的印刷方式，不要錯過了。

INFORMATION ──────────────────

林布蘭故居博物館：www.rembrandthuis.nl

3 ｜每天兩場的蝕刻版畫示範。　　4-5 ｜林布蘭的畫室，無數的名畫在此誕生。　　6 ｜客廳是展示自己畫作與交易的地方，顧客可以直接參觀選購。

CHAPTER **3**

AMSTERDAM SUBURBS

阿姆斯特丹近郊

前進北海小鎮
與近郊景點

AMSTERDAM

荷蘭人與水共存的智慧
羊角村與阿夫魯戴克攔海大壩

阿姆斯特丹旅程的下半段，我們開始往郊外走。幾趟近郊旅行，都是首次到訪當地的旅客必去的熱門景點。

我們首先造訪位於阿姆斯特丹西北方的羊角村（Giethoorn），境內風景優美的運河上擁有超過一百五十座小木橋，因此當地有「綠色威尼斯」之稱，多年來深受觀光客歡迎。

參觀羊角村最愜意的方式

參訪羊角村的方法，大致分為自行前往與參加一日旅行團。自行前往要轉三趟車：首先要在中央火車站搭火車前往 Almere Centrum 站，再轉乘至 Steenwijk 站，最後再搭 70 號公車，約十多分鐘便可抵達 Dominee Hylkemaweg

站，總車程約兩小時多。下車後，還要再走十多分鐘才能抵達羊角村的核心區域。羊角村不大，有人會當天來回，也有人會過夜；相信在夜晚感受小鎮的寧靜，起床後在清晨的運河散步，應該很舒服惬意。

1 | 我們參加 Tours & Tickets 的羊角村一日團。此圖是位於中央火車站的 Tours & Tickets 實體店，左邊是出租單車店。
2 | 旅客在火車站上層的公車站坐上旅行團的巴士出發。圖中是 Tours & Tickets 安排的比利時一日團巴士。

羊角村是我們近郊之旅的第一站。運河水道與河岸房屋相依相偎，形成此地的特殊景觀，幾乎家家戶戶都能讓小船停泊。

我們的遊覽車停在羊角村核心範圍的停車場。如果是自己前往，要在村外下車，再步行十多分鐘才能到達目的地。

　　不過考量到時間，我們最後選擇參加 Tours & Tickets 公司推出的一日旅行團服務。這家以阿姆斯特丹為基地的旅行社，在中央火車站及市區遊客中心均可見實體店面。我們事前在網路報名付款，團名為「Giethoorn Tour」，每名團費約 90 歐元。行程大致是：早上 9 點在中央火車站坐上巴士出發，會途經阿夫魯戴克攔海大壩，接著才去羊角村，大約早上 11 點多抵達小鎮核心範圍。團費包含一小時的大眾船遊覽，但午餐自費，其餘時間可自行遊逛。停留時間大約四小時，下午 4 點離開，6 點回到中央火車站。

　　這是整趟旅程中我們唯一參加的旅行團，偶爾送給自己一趟不用特別規劃或趕車的旅行，完全放鬆，我覺得也很不錯。

旅行團也有安排一趟羊角村的大眾船行程，下雨時會有遮篷擋雨，不怕被淋溼。

河道貫穿羊角村中央，河畔兩側的房屋都保留著用蘆葦編造屋頂的原始風格。
運河與房屋之間的連結，全靠數量超過一百五十座的小木橋。

漫步走著，看到遊人開船從旁邊經過。或許是受到美景
的薰陶，我彷彿完全融入這幅歐洲鄉村的風情畫中。

一切從發掘泥煤開始

羊角村一帶昔日蘊含豐富的地下泥煤，當地人以掘挖泥煤作為主要經濟來源。豈料，東挖一點、西挖一點，這些開鑿痕跡無意間變成一道道狹窄的溝渠。後人為了能讓船隻順利通行，便重新規劃，將狹窄的溝渠拓寬至船隻能夠航行的寬度，使得這地方成了大小運河包圍的村落，船隻也從此成為主要的交通工具。

至於「Giethoorn」之名的由來有點特別，要從1225年這區域開始使用「Geytenhorn」一詞說起。話說1170年，這裡曾發過一場大洪水，一大批野山羊慘遭滅頂；後來在挖泥煤時，被人發現有數百隻山羊角埋藏於此，數量相當驚人。從此人們便稱這地方為「Geytenhorn」，後來演變

羊角村的旗幟和徽章，均有羊角圖案。

為「Giethoorn」，從1230年首次出現在記載中，使用至今。在荷蘭語中，「horn」有「水中突出的陸地角落」之意。現在這地區的旗幟和徽章，均有羊角的圖案。

若想認識更多關於這地方的起源，可以參觀羊角村博物館，裡面介紹了羊角村當時挖泥煤的生活、當地特殊習俗，以及展示當時的農場、漁民的房子與船泊碼頭，讓我們更加認識羊角村的庶民生活。

運河視角中的羊角村

被問到在羊角村一定要做哪些事？應該就是坐船吧！這裡的船隻分為大眾船與自駕船兩種。大眾船每小時一班，航行時間約一小時，每條船可乘載二十多人，船長在航行時會進行導覽。大眾船有幾家，價格差異不大，都在最熱鬧的主河道上，十分容易找到，可以現場直接購票。而我們參加的一日旅遊團團費包含大眾船票，所以我們一眾團友便可以同坐一艘船，高高興興地去遊河。

第二種是小型電動遊船，可載約七至八人，由自己駕駛。租用小型電動遊船的地方同樣隨處可見，民宿和餐廳也有出租，每家船隻不同，價錢也略有不同，大概每小時15歐元，兩小時就30歐元。如果你選擇在村內住宿一晚，不妨可租用自駕船，充分體驗此處的運河之美。

現場看來，我發現滿多人喜歡租用自駕船，要不是坐了大眾船而沒有足夠時間，我一定也會坐坐小船。不過，旺季常常出現塞船的情況，正是因為太多這類小船，而駕駛的遊客通常不太熟悉操作方法，導致手忙腳亂。

不過我們參訪當天，天候一直不穩定，甚至下起雨來，還好我們搭的是大眾船，有遮篷擋雨，不至於被淋溼，因此雨天也是可以遊河的。

兩種船都會走同一條路線，全程大致是單程的。在羊角村核心範圍的運河區上船，可沿途欣賞每座被妝點得可愛的房子，有些屋子活像是小時候看繪本書才會出現的三角屋頂與窗戶，每戶人家前面都有一大片庭園或綠地，整理得乾淨又漂亮。流水、小橋再加上蘆葦茅草屋頂，無疑就是羊角村的經典畫面。與阿姆斯特丹的運河景色略有不同，羊角村擁有荷蘭小鎮的優美與浪漫。

船隻離開運河區後，便來到面積極大的湖區，途中還可見到幾個迷你小島，島上有幾座小房子。據船上的人說，那都是提供遊客租用的，依靠的交通便是幾條小船。

結束小船之旅，我們就在岸上隨處走走看看。原來有些茅草屋也可以進去參觀，也有禮品店或簡單小巧的博物館。如果不想進餐廳用餐，也可以在市區先買點吃的，在運河邊的草地或椅子上悠閒野餐。

1 ｜ 租用小型電動遊船的地方隨處可見，民宿和餐廳也有出租。
2 ｜ 小型電動遊船可載七至八人，每小時 15 歐元起跳。
3 ｜ 小型電動遊船的馬達。

運河、小橋再加上蘆葦茅草屋頂，
就是羊角村最經典的畫面。

1-2 ｜羊角村博物館。　　3 ｜鎮上的主街，滿布餐廳。　　4-5 ｜中途下起雨後，我們走進小鎮的手工藝店，買到心頭好。
6 ｜鎮上植滿各式各樣的繡球花，散發優雅的清香。　　7-8 ｜船隻來到廣闊的湖泊，只見島上都是給旅人住宿的民宿，依靠的交通為小船。

很靜謐、很幽靜，小橋流水人家的浪漫氛圍自然流瀉。

089

荷蘭人與海爭地的代表作

　　最後要回頭介紹被喻為荷蘭人的建築奇蹟的阿夫魯戴克攔海大壩（Afsluitdijk）。這裡無法搭火車前往，開車是唯一方法。

　　話說荷蘭是全世界地勢最低的國家，有很多國土都在海平面以下，所以荷蘭有大約四分之一的國土，是透過不斷築堤圍海、排水填築、好不容易才開發出來的。以前的荷蘭人總是要面對海水入侵的災難，於是他們不斷更新排水設施，並創造出許多與海爭地的方法。阿夫魯戴克攔海大壩就是其中一個著名例子。

　　回到 1916 年，當時發生一場大水災，海水倒灌甚至淹沒了阿姆斯特丹不少地方，後來政府決意封閉並開墾荷蘭內海——須德海（Zuiderzee）。歷時五年，動用五千多人，花費超過 1.2 億荷蘭盾，能夠完全隔離海水的阿夫魯戴克攔海大壩正式於 1932 年完工啟用。

　　此大壩全長 32 公里，寬 90 公尺，平均高度 7.25 公尺，連接荷蘭省的登烏弗與菲士蘭省的蘇黎世村，不但將北方的瓦登海與南方的愛塞湖分隔開來，上面還修建一條雙向四線道的高速公路，是荷蘭最大的圍海造田工程，也是世界上最長的攔海大壩。

　　這天我們來到攔海大壩中段，走在連接兩邊高速公路

大壩的觀景台，是面向海洋的。

的天橋中央時，可觀望到一邊是大海、一邊是大湖的壯觀景色。此景見證了荷蘭人將滄海變桑田的能力，完成一個又一個難以想像的人類壯舉。橋的另一邊還有一座觀景台，裡面有咖啡廳，讀者應該想知道哪邊是大海、哪邊是湖泊，對吧？很簡單，觀景台朝向的就是海洋。

INFORMATION ───────────────

Tours & Tickets 旅行社：www.tours-tickets.com

阿夫魯戴克攔海大壩，平均高度 7.25 公尺，
將北方的海水與南方的淡水湖泊分隔開來。

當「沿海」已成過去式
艾登、沃倫丹、馬肯等北海小鎮

阿姆斯特丹位處的北荷蘭州是一座半島，州內超過一半的地區低於海平面，屬於圍海造田所形成的陸地。起司市場、蜿蜒水鄉內的運河、風車群與傳統荷式房屋都是此區的特色。事實上，這片沿海區域可說是歷史上荷蘭最早發跡的地方，荷蘭東印度公司在被喻為荷蘭黃金時代的 17 世紀裡，就是以這個區域為據點向外發展，而這座公司一度成為世界上最富有的公司。

要說到阿姆斯特丹市中心以外的旅遊規劃，重點可放在羊角村與北海小鎮，前者已於上篇介紹過。至於北海小鎮，顧名思義就是臨靠北海的小鎮，而所謂的北海（North Sea）即是指北大西洋的一部分，有多個歐洲國家圍繞，荷蘭與比利時也是北海周邊國家。

沿海小鎮變成沿湖小鎮

北海小鎮其實有好幾個都很具特色，我們在同一天接連造訪了艾登（Edam）、沃倫丹（Volendam）以及馬肯（Marken）。

1 │ 巴士載我們來到艾登鎮，我們走過白色小橋，很快便來到小鎮的核心範圍。

2 │ 早上 10 點多，幾個旅行團已經來到小鎮。要是遇上舉行艾登起司交易市集的日子，相信遊人會把整個小鎮擠得水洩不通。

艾登鎮的白色小橋。

若想在阿姆斯特丹周邊觀看到風車群，那就要坐火車去贊斯堡風車村！那裡的風車顏色變化多，比鹿特丹的小孩堤防更加鮮豔。「Zaanse Schans」（贊斯堡）原意是指贊河（Zaan）旁邊的堡壘，昔日用於對抗西班牙軍隊，目前已經成為販售各種傳統工藝與文創商品的地方，相當於台灣的文創園區，基本上開放區域都不收費，只有進去風車或部分博物館才需要門票。
這張畫作是我參考贊斯堡的照片繪製而成的。

這些北海小鎮又俗稱為「北海小漁村」或「北海水鄉區」，它們的位置都曾經「沿海」，不過都已成為過去式了，在興建了阿夫魯戴克攔海大壩後，它們通通都變成「沿湖」小鎮了。而那座湖泊就是馬肯湖（Markereer）。

另外還有兩座特色小鎮值得一記。第一個是人口較多的阿爾克馬爾（Alkmaa），後文會以專篇介紹。第二個為贊丹（Zaandam），想在阿姆斯特丹周邊觀看風車群，去那裡就對了！可搭火車到 Zaandijk Zaanse Schans 站，步行約十多分鐘，就可以看到贊斯堡風車村（Zaanse Schans）。但我們沒有安排去贊斯堡風車村，一來時間不夠，二來觀看風車群的規劃已放在鹿特丹、擁有荷蘭最大風車系統的小孩堤防。若有機會，我還是想去贊斯堡風車村走走。順帶一提，有些旅客會把贊斯堡風車村與北海小漁村連結在同一天遊玩，這方案也頗為熱門。

串連六個北海城鎮的一日巴士票

艾登、沃倫丹、馬肯三座北海小鎮雖然不屬於阿姆斯特丹市，但離阿姆斯特丹很近，如同淡水之於台北、赤柱之於香港；而三個小鎮之間距離極近，接駁交通很方便，適合安排一日遊。那一帶沒有火車，主要搭乘紅色車身、行走市中心以外區域的 EBS 巴士。強烈建議購買 EBS 一日票，約 13 歐元，旅客不但可以很方便地遊覽艾登、沃倫丹、馬肯等地，也適用於在 GoDutch! 官網列出的另外三座城鎮：布魯克因瓦特蘭（Broek in Waterland）、蒙尼肯丹（Monnickendam）及皮爾默倫德（Purmerdend），官網也貼心地規劃出三條參觀路線供遊客參考。

旅客可在阿姆斯特丹火車站內或向 EBS 巴士司機購票。EBS 巴士在火車後站的 14、15 號巴士月台上車，而我們要去的三個小鎮，主要是搭乘 315 號與 316 號巴士。

第一站：艾登鎮

啟程前，你也許不清楚這座艾登小鎮，但應該聽過「Edam」——沒錯，荷蘭最有名的兩種起司，就叫艾登起司（Edam）與高達起司（Gouda），而艾登小鎮就是艾登起司的發源地。

荷蘭有好幾個起司交易市集，都是熱門的觀光地，旅客可以觀賞到身穿傳統服飾的工作人員來來回回搬運起司，以及熱絡的交易過程。艾登鎮當地也有十分有看頭的交易市集，每年 7、8 月逢週三早上舉行。因為行程的關係，我們無法去艾登起司的交易市集，但有機會參觀另一個距離此地不遠的阿爾克馬爾起司市集。

車程約一小時後，316 號巴士來到小鎮，我們從 Edam

北荷蘭州有多個美麗的運河小鎮，艾登鎮便是其中之一。這些小鎮之間的距離不遠，也不大，每個小鎮宜預留二至三小時逛逛。一天串連三至四個地方，就可以輕鬆規劃出一趟北海小鎮之旅。

Busstation 站開始入村。一起下車的旅客也有十多人,看起來都是外國旅客,大家走過一條白色小吊橋,晃過幾條街道,很快就到小鎮核心。一條名為「Schepenmakersdijk」的運河上方有一個小小的平台,是最棒的觀賞點,可欣賞到運河穿越小鎮的靜謐景色,兩旁滿布高高矮矮的房子。

廣場右邊有一棟古樸的華麗建築,是遊客中心,左邊則是艾登博物館。建於 1530 年的艾登博物館(Edams Museum)已經高齡五百歲,應該是此鎮最古老的建築之一。它曾經是一座非常富有的石材商人的房子,1893 年被市政府收購為博物館。屋子以堅實的梁柱為骨架,再砌上壁磚。從這座階梯式的屋頂推測,可能也是荷蘭黃金時代的建築。

一條龍生產的起司專賣店

整個鎮上最熱鬧的地方,就屬 Henri Willig 起司專賣店了。它坐落在運河一旁,店前放置多個顏色醒目的高達起司,顧客絡繹不絕。不過這裡要說清楚,Henri Willig 不是此小鎮的傳統起司商店,而是一家專賣荷蘭起司的連鎖集團,店中的起司產品都是自家一條龍生產的,銷售網絡遍布全世界。

Henri Willig 起司專賣店以出售高達起司居多。多數旅客會選購 Baby 系列的迷你起司,重量約 380 克(正常起司至少都有一公斤以上),價格為 10 到 13 歐元,不論是價錢還是重量都很平易近人。Baby Gouda 是最大眾化的原味,其他還有薰衣草、番茄、橄欖、薄荷、松露及羊起司等十多種口味。

1 | 廣場右邊有一棟古樸的華麗建築物,是艾登鎮遊客中心。
2 | 艾登鎮最古老的建築之一,已經有五百多歲了,如今成為艾登博物館。

這是艾登鎮的核心，中間為 Schepenmakersdijk 運河。
建在運河上方的平台，可瀏覽小鎮與運河景色。

1-2 | Henri Willig 起司專賣店出售多款起司。
3 | Henri Willig 起司專賣店的 Baby Edam，
外觀圓球形，稱得上是地區特別版，每
顆約 10 歐元。

這家分店既然在艾登，自然也有販售艾登起司，稱為「Baby Edam」，稱得上是地區特別版，所以吸引不少人購買。正如我所說，這家連鎖店在阿姆斯特丹市中心及火車站都可找到，稍後想補貨也很容易。

艾登起司與高達起司有何分別？在外觀上，艾登起司呈圓球形，外皮覆以紅色的蠟；高達起司則呈扁圓的車輪形，外皮覆蓋的薄蠟顏色會因不同的口味而有所區分，其中以棕褐色外皮的煙燻口味較受亞洲歡迎。至於味道方面，艾登較溫和，高達口感較重，也有多種口味。以產量來說，高達是高於艾登的。

艾登鎮雖然以起司出名，但也是一個美麗的水鄉。在沒有起司交易活動的日子，遊客和觀光團相對較少，很適合在這裡悠哉閒晃，漫步體驗荷蘭傳統小鎮的樸實美感。我們欣賞小鎮內古樸的磚瓦建築，在此逗留兩個多小時後，隨即前往下一站。

守護阿姆斯特丹的防線

離開艾登鎮前，還要提及一個我們沒有去的地方。從遊客中心，沿著運河一直走，大約二十多分鐘便可來到馬肯湖邊，那處還有一座艾登堡壘（Fort bij Edam）。這座堡壘屬於阿姆斯特丹防線（荷蘭語：Stelling van Amsterdam ／英語：Defense Line of Amsterdam）的一部分。這條防線建於 1880 年至 1920 年，並於 1996 年列為世界文化遺產。它實際上是一個圍繞在阿姆斯特丹周圍、長達 135 公里的堡壘環，由 42 座設於距市中心十到十五公里的

沃倫丹鎮是三座小鎮中遊客最多的，湖邊大街擠滿人潮。

堡壘組成。這個堡壘環的運河深度被設計為只有 30 公分，目的是不讓船隻航行，另外也設有多個堤防和水閘。

　　整道防線劃分為北戰線、西北戰線、西戰線等，每道戰線設有四至八個堡壘不定，而艾登堡壘屬於北戰線。這道防線在第一次及第二次世界大戰中發揮很重要的防禦作用，如今一些堡壘已成為荷蘭的歷史古蹟，而且在修復後開放給人參觀，艾登堡壘便是其中之一。

第二站：沃倫丹鎮

　　沃倫丹是三座小鎮中最多遊客的地方，我想是因為這座小鎮坐落沿湖一帶，風景特別吸引人。它與艾登鎮很近，步行約三、四十分鐘，不過既然有巴士一日票，自然是坐 316 號巴士前往，不到十五分鐘，便可在 Volendam Centrum 站下車，跟著人潮走，很快來到湖邊大街。當天天氣很好，人山人海十分熱鬧。中午左右來到此鎮也是不錯的安排，很適合找一家餐廳，慢慢享受優美的馬肯湖景色。

　　說一說沃倫丹的歷史。此鎮可說是海上王國荷蘭走向世界的一個亮點，因為小鎮誕生了世界上第一套商業港務貨運系統，以及第一家商業銀行，昔日的繁榮程度可想而知。可是附近的艾登鎮挖出了一條通向大海的運河後，港口轉移至艾登鎮，沃倫丹的發展就此走下坡。

中午時分來到沃倫丹，適合找一家湖畔餐廳悠閒地用餐。

1-4 │熱熱鬧鬧的沃倫丹沿湖大街，禮品店及餐廳林立。　　**5-6** │這家餐廳就在沿湖大街靠近碼頭的位置。

7 │人們在馬肯湖邊享受美好的午後時光。這座湖泊真的大得像海。　　**8-9** │我們坐船前往最後一站，大約半個多小時便來到馬肯鎮。

直至近代，阿夫魯戴克攔海大壩興建後，這一帶逐漸捕不到魚蝦，沃倫丹的漁夫也只能將船隻駛向更遠的地方，或是放棄打漁的生活。雖然漁人少了，但沃倫丹別緻的建築與鮮活的傳統漁村風情反而吸引大量遊客的目光，反過來比艾登鎮更加熱鬧。

順帶一提，如果不打算像我們一樣去馬肯鎮，而是去贊斯風車村，旅客也可在此鎮公車總站搭車前往。

第三站：馬肯鎮

馬肯鎮是北海三小鎮中，最安靜純樸的村落。馬肯其實是一座小島，地處偏遠，與世隔絕，因而發展出獨立的方言與服飾，被當地人形容為最有北海漁村的風味。前往這座與世隔絕的小島沒有想像中困難，因為沃倫丹與馬肯之間有 Marken Express 渡輪相互連通，碼頭就在沃倫丹濱海中央大街的精華地段，船程約三十分鐘。我們午餐的地方就在渡輪碼頭的對面，時間快到了才上船。除非冬季湖面結冰才停駛，基本上渡輪是全年營運的。

走在馬肯主街上，只見幾家小小的禮品店與餐廳，其餘都是居民的生活空間，沒有其他商家，人潮比沃倫丹明顯少了許多。我們慢悠悠地在港口附近的街區散步，不久便發現這裡的房舍外觀，大多漆成墨綠色或黑色，屋頂則

同樣是傳統小漁村的馬肯鎮，雖與沃倫丹鎮只有一水之隔，但房舍、服飾、宗教都與沃倫丹大不相同。這座寧靜的馬肯鎮，少了遊客的喧囂，也沒有商業化，可以讓我們一窺更多荷蘭傳統的漁村風貌。

統一都是墨綠色的屋瓦。後來，我才知道馬肯因此有「綠村」的稱號。

馬肯在 1957 年興建一座長堤，連接了荷蘭主要陸塊，從此對外交通方便許多。不過我們不坐船，仍是輕鬆地搭上 315 號巴士，小睡一下，便返回了阿姆斯特丹市中心。這天的北海三小鎮之旅也圓滿畫上句號。∎

INFORMATION

GoDutch!（EBS 巴士）：www.localbus.nl
Henri Willig 起司專賣店：www.henriwillig.com
艾登堡壘：www.stellingvanamsterdam.nl
阿姆斯特丹防線：www.stelling-amsterdam.nl

順利完成當天的北海三小鎮之旅，來到尾聲，我們
放慢腳步、愜意地在馬肯街區觀看優美的景色。

AMSTERDAM

走訪荷蘭最悠久的起司交易市集
阿爾克馬爾起司市集

説到起司，怎能不提到荷蘭？黑白乳牛主要來自荷蘭，他們處理過剩生乳的方法之一就是製成起司。荷蘭有幾座著名的起司市集（Cheese Market），單就字面意思來看，會以為是某個露天廣場集合了很多起司攤位讓市民採買，那就誤會大了。

　　下一站近郊之旅，我們前往的是位於市區北邊的阿爾克馬爾起司市集（Alkmaar Cheese Market），重點便是見證荷蘭傳統的起司交易場面，即是專做起司零售或批發的商人向起司生產商競標大量起司的過程，諸如現場驗貨、議價、起司過磅等等，都可親眼目睹。這種難得體驗，就像我們去東京築地看鮪魚競標一樣。

阿爾克馬爾起司市集是荷蘭歷史最悠久的起司交易市場，每年夏天均舉行數個月的日場及黃昏場，成為當地富有特色的觀光活動。

完成交易後的起司，便由戴上不同顏色帽子的搬運員
扛著傳統搬運起司用的木架，以兩人一組的方式搬
運。他們在廣場上快速而有默契地搬動總重約一百
多公斤的起司，總會吸引很多鎂光燈。

荷蘭五大起司交易市集

　　荷蘭起司的種類眾多，其中以高達起司（或稱「豪達起司」）與艾登起司最著名。荷蘭每年出口四十多萬噸的起司，其中大約 60％是高達起司，阿爾克馬爾起司市集拍賣的，即以高達起司為主。荷蘭的起司傳統交易市場較出名的，共有五個，阿姆斯特丹以北便有三個，包括前文介紹的艾登起司的起源地艾登鎮，以及比艾登鎮更遠的荷恩鎮（Hoorn）。而最出名、歷史最悠久的，也是荷蘭最大型、最熱鬧的起司市集活動，當屬阿爾克馬爾起司市集。

　　至於其他兩個，則是高達起司市場（Gouda Cheese Market）以及位於荷蘭中部的武爾登鎮（Woerden）。前者位於其起司發源地高達鎮（Gouda，又稱「豪達鎮」），此鎮距離我們下一個住宿據點鹿特丹不遠，約半小時的火車車程，大約在 6 月到 8 月期間每週四早上舉行。

　　這些傳統起司交易市集，已經成為荷蘭重要的觀光特色，很值得安排時間去觀賞一下。

> 阿爾克馬爾起司市集拍賣的起司以高達起司為主。高達起司的乳脂肪含量約為 48％，外觀呈扁圓車輪形。這天我們來到現場，便見到整個廣場放置數以百計的高達起司的壯觀畫面。

NOTE

荷蘭傳統起司市集

1｜阿爾克馬爾起司市集
- 地點：阿爾克馬爾（阿姆斯特丹以北）
- 時間：4月初～9月底，每週五上午
- 黃昏場：7月初～8月底特設每週二的黃昏場

2｜艾登起司市集
- 地點：艾登鎮（阿姆斯特丹以北）
- 時間：7月初～8月底，每週三上午

3｜荷恩起司市集
- 地點：荷恩鎮（阿姆斯特丹以北）
- 時間：6月中～8月底，每週四中午

4｜高達起司市集
- 地點：高達鎮（鹿特丹東北）
- 時間：6月底～8月底，每週四上午

5｜武爾登起司市集
- 地點：武爾登鎮
- 時間：4月底～8月底，每週六早上

擁有六百年歷史的傳統起司市集

　　比起其他四座市場，阿爾克馬爾起司市集設有更多交易日，而且日場之外還設有黃昏場，以滿足大量遊客的參觀需求。它的日場為 4 月初到 9 月底間，每週五上午 10 點整至下午 1 點整；另外在 7 月初至 8 月底期間，特設每週二的黃昏場，從晚上 7 點整至 9 點整。我們參加的就是 7 月底的黃昏場，白天我們先完成北海三小鎮之旅後，下午 5 點多返回阿姆斯特丹，再坐火車去阿爾克馬爾。兩地之間的火車班次很密集，規劃上很方便。

　　火車來到 Alkmaar 站，只需約三十多分鐘。步出火車站後，沿著指示牌來到舊城區。建於 15 世紀的聖羅倫斯教堂（Grote of Sint-Laurenskerk）是舊城區地標，那一帶有一條長長的購物街，行走約二十分鐘即抵達起司博物館

舊城區邊緣有一座巨大的塔樓式風車，我們順道去參觀（市內地圖有指出其位置）。

1 ｜ 從阿姆斯特丹坐火車去阿爾克馬爾，只需三十多分鐘。
2 ｜ 阿爾克馬爾火車站，步行到舊城區的起司市集，約二十分鐘。

（Cheese Museum），它位於一棟醒目的鐘樓的二樓，如果是早上抵達，看完起司交易市集的日場後，便可以登上博物館參觀，認識這座有數百年歷史的市集。只是這次參加的是黃昏場，博物館已關門，我們無緣入內參觀。

鐘樓的一樓則是昔日的計量所（De Waag）。1365 年，此地便因這座計量所而成為知名的城鎮，計量所內的秤重房有許多磅秤（Waag），負責起司交易的秤重計量工作，高峰期時，每日的起司交易量達到三百噸之多。

至於鐘樓前方的計量所廣場（Weegplein），正是重頭戲——起司交易市場的舉辦場地。

阿爾克馬爾起司市集擁有六百多年歷史，1365 年開始便有起司交易的紀錄，由最初小小的交易地擴展成如今的八倍大，也演變為今日如此熱鬧的市集觀光活動。傍晚 6 點多，廣場上便已經擠滿人潮，也擺滿大量黃澄澄的美味起司。廣場靠近河邊的區域更設有起司及其他小食攤販，販賣各式各樣的起司產品及起司小食，感覺就像置身於日本的夏季祭典一樣。

起司交易市集的一日行事曆

我們雖是參加黃昏市集，但接下來介紹的是日場才有的主要交易流程。

1 ｜市集旁的起司及小食攤位，人山人海。
2 ｜起司小食每份 5 歐元，現場大排長龍，很受歡迎。

阿爾克馬爾起司市集工作人員的工作

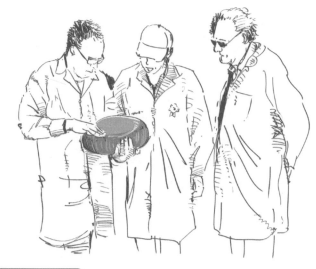

A │ 設置員的工作

1 │ 大約早上7點，設置員來到廣場，負責布置現場。

2 │ 載起司的貨車都是在清晨或前一天便停泊在巿集附近。設置員使用木製推車運送起司，每回運送十多個起司。

3 │ 每場交易巿集大約有數百個起司，設置員必須於9點半前完成場布。

B │ 起司採樣員的工作

1 │ 評鑑起司品質的步驟有三項：一是檢查起司外觀；二是使用特殊的起司勺挖取一塊起司，捏碎並嗅聞。

2 │ 三是切開起司，檢查起司氣孔的分布，以氣孔判斷起司的品質。

交易員與買家採用傳統方式，透過互相
拍手擊掌、大喊價格來進行討價還價。
當雙方擊掌後就握手，代表雙方都同意
價錢，這一整批的起司也就成交了。

旅客也可以體驗使用特殊的起司勺
來挖起司。

E｜秤重員的工作

1｜秤重房設於鐘樓一樓的計量所，那裡有幾位秤重員，負責記錄起司的重量。

2｜最後，已秤重的起司由設置員運送到買家的貨車上。

D｜起司搬運員的工作

1｜起司搬運員負責搬運已成交的起司到秤重房。

2｜設置員負責把起司放到木架上。每個高達起司重達 13.5 公斤，木架為 25 公斤，八個起司加上木架總共重達 133 公斤。

3｜兩名搬運員一前一後把八個起司搬入秤重房。

圖左上側為鐘樓的秤重房，裡面有幾位秤重員，監督秤重過程。

起司交易市集在上午 10 點整開始，但事前有許多準備工作要做。這裡的起司主要來自坎皮納（Campina）及科諾（Cono）等四家起司工廠，其起司卡車於清晨或前一天便已抵達卸貨，最早開始工作的是設置員（荷蘭語：Kaaszetters ／英語：Setters），大約早上 7 點整便開始布置起司，每場大約有數百個起司，於 9 點半前完成場布。

交易開始之前，戴著不同顏色帽子的起司搬運員（Cheese Carriers）站在一旁待命。他們的荷語名稱為「Kaasdragersgilde」，英文為「Cheese Carrier's Guild」，最早出現於 1593 年。他們的帽子有紅、綠、藍、黃等顏色，分成不同小組，主要工作是在交易完成後，使用自己所屬顏色的搬運架，把起司搬入秤重房過磅。

按照傳統，起司搬運員應於早上 7 點抵達現場，不過實際上他們都是在 9 點半以後才到。而且他們好像有（遲到的）壞習慣，因此遲到的人都要繳交罰款，罰款會捐助當地學校。

起司採樣員評鑑起司，共有三個步驟，首先是查看其外觀與敲打起司。

早上 9 點半，四家起司公司、被稱為「起司父親」（Cheese Father）的聯合代表，便會開場向嘉賓、媒體致意，並說明當天的起司總數量等交易資料。還有，他們也會了解各種工作人員的出席狀況等，為人手安排做出最後調整。

早上 10 點整，廣場鐘聲響起（黃昏場是傍晚 7 點整開始），起司交易活動正式開始。主持人出場，拿著麥克風以荷語、德語、英語和法語四種語言介紹今日活動，讓政府官員、貴賓、商業夥伴等人輪流上台揮手，十多分鐘後便正式進入重頭戲。

評鑑起司品質的三大要求

稍後，穿著白色長衣的採樣員（Samplers）及交易員（Traders）也陸續就定位。評鑑起司品質的步驟有三：一是檢查起司外觀；二是使用特殊的起司勺（Special Cheese Scoop）挖取一塊起司，捏碎並嗅聞；三是切開起司，檢查起司氣孔的分布。這些氣孔俗稱「眼睛」，是

我們在現場買了幾份起司。

起司在熟成的過程中出現的無害乳酸菌所造成的。高品質的起司氣孔會分布平均，沒有氣孔的起司被稱為「盲起司」（Blind Cheese），而不平均的則稱為「劣質起司」。

評鑑起司後，採樣員議定價格，交易員便與買家討價還價。過程中，交易員與買家採用傳統方式，透過互相拍手擊掌與大喊價格來進行討價還價。每次擊掌都愈打愈用力，我們看得都幫忙手疼了。待擊掌後馬上握手，便代表雙方都同意價錢，這一整批的起司也就成交了。

接下來，拍賣完的起司要秤重，戴著不同顏色帽子的起司搬運員出場。一個黃澄澄的高達起司重達 13.5 公斤，一次載運八個，再加上木架（25 公斤），總共重達 133 公斤。兩個搬運員一前一後工作，極具節奏與效率，便知道有特別訓練過。秤重房設於鐘樓一樓的計量所，那裡有幾位秤重員，監督過程，以確保完成的是一場公平的交易。

最後，已出售的起司便送到買家的貨車上。

到了交易後半段時，身著傳統服飾、腳踏木屐的荷蘭少女，會拿著已經包裝好的切片起司開始兜售。在這個意義非凡的起司交易廣場上，我們根本不在乎價格有沒有比其他地方貴，便直接爽快地買下幾份不同硬度的起司回去了。

最後值得一提的是，高達起司雖源於荷蘭高達鎮，但由於沒有申請產地名稱保護，所以其他國家生產的也可稱為「Gouda」起司。打算購買荷蘭出產的高達起司，建議購買「Boerenkaas」、「Noord-Hollandse Gouda」及「Gouda Holland」這三個名稱的高達起司，因為它們都有獲得歐盟的地理標誌保護（Protected Geographical Indication），而且一定是採用荷蘭牛奶。

INFORMATION ———————

阿爾克馬爾觀光局：www.kaasmarkt.nl
起司博物館：www.kaasmuseum.nl

市場上不時有穿著荷蘭傳統服飾及木屐的少女，在兜售起司及派發一些優惠券。

荷蘭國花鬱金香與探訪米飛兔
庫肯霍夫花園、烏特勒支

以阿姆斯特丹為據點的近郊旅程，還有另外兩條規劃。第一條是期間限定的旅程。我想，許多旅客都把欣賞鬱金香花田，列為到訪荷蘭的必做之事，就像去日本賞櫻賞楓、去芬蘭看極光是一樣的道理。要看到荷蘭鬱金香花田，必須安排初夏來臨前的 3 月底至 5 月初。我們這趟夏日荷蘭之旅錯過了這樣的緣分，不過來日方長，我相信未來會有機會的。

世界最大的鬱金香花園

被喻為「世界最大的鬱金香花園」的庫肯霍夫花園（Keukenhof），是荷蘭的賞花熱點，位於阿姆斯特丹西南方。占地 33 公頃的花園共有七百萬朵各式花種，按開花次序排列，分別有番紅花、水仙花、風信子、鬱金香、劍蘭、大麗花、康乃馨、紫苑等，而鬱金香是在 4 月中旬盛開。

庫肯霍夫花園每年 3 月第三週至 5 月第二週開放，其他時間是閉園的。那麼，安排哪一天去參觀可以看到鬱金香最美的畫面？一般來說，鬱金香盛開期約是 4 月第三週左右，到 4 月底花朵便陸續凋謝。不過網路上有資料指出，原來園方會按情況持續補花（畢竟是國家級景點），所以在 5 月花園閉園前，賞花應該沒有太大的問題。門票在前一年的 10 月於官網發售，因此一旦買了機票，建議盡快買好門票比較好，且最好避開週末假日，愈早去愈好（花園早上 8 點就開門了）。

沒有火車可到庫肯霍夫花園，不過超級熱門景點自然會有方便旅客的貼心交通安排。每逢花季，阿姆斯特丹與

庫肯霍夫花園是荷蘭超級熱門的賞花景點，每年吸引全球大量旅客。花園中的風車與花田是最多人的打卡點。

史基浦機場均有直達旅遊巴士，下機就可以直奔花園了。同時花園官網也會販售門票與車票的套組，可線上刷卡購買。

除了庫肯霍夫花園以外，還有一個號稱世界最大的花田，就在阿爾克馬爾起司市集以北、阿夫魯戴克攔海大壩附近的「Bloeiend Zijpe」。那裡不像庫肯霍夫花園有完善的觀光交通規劃，性質屬於私人種植的花田。如果好奇比庫肯霍夫花園更大的花田長什麼樣子，不妨上網找找相關資訊。

前往烏特勒支探訪米飛兔

第二個近郊旅程建議，是我們實際去過、位於阿姆斯特丹東南方的烏特勒支（Utrecht），適合安排半天的時間逛逛。

烏特勒支是荷蘭第四大城市，市內有不少從中世紀留存至今的重要歷史建築，例如聖馬丁大教堂與其塔樓。而碧翠絲女王於 2003 年退位後，便居住在烏特勒支的德拉肯斯坦城堡。但我們沒有參觀城堡，而是去米飛兔博物館（Miffy Museum），因為作者迪克・布魯納（Dick Bruna）正是烏特勒支人。

從市區坐火車到烏特勒支只需半小時，步出火車站後，

徒步二十分鐘或搭 2 號公車在
Central Museum 站下車，米飛兔
博物館就位在烏特勒支中央博物
館旁。

　　博物館不但設有米飛兔的裝
置藝術展間，把動畫裡的場景全
部化為真實，同時這裡也是一座
兒童遊樂場，設有很多互動遊樂
設施供孩子們遊玩。雖然這地方
名為博物館，實際上地方不大，
但只要是米飛兔的死忠粉絲一定
不會介意的。

　　最後，與庫肯霍夫花園一
樣，須提早在官網訂票，因為
空間不大，所以有嚴格的人數上
限，每場只有三十個名額，而且
旅遊旺季與週末日經常爆滿。

INFORMATION ⎯⎯⎯⎯⎯

庫肯霍夫花園：www.keukenhof.nl
米飛兔博物館：www.nijntjemuseum.nl

米飛兔博物館門口的可愛米飛兔雕塑。

我們在散步前往博物館的途中，一邊欣賞烏特勒支城鎮的美麗景色。

1 │ 米飛兔博物館。　　2-3 │ 米飛兔紀念品店。　　4 │ 烏特勒支中央博物館。

CHAPTER **4**=

ROTTERDAM

鹿特丹

浴火重生後的嶄新海港城
鹿特丹

從阿姆斯特丹坐火車到鹿特丹很方便，只需一小時左右。每小時有多個班次，我們雖是數月前即已預購，但當日到現場買票也可以很輕鬆，除了車站內有數量不少的自動售票機外，也可以在荷蘭國鐵 APP 上購票。

近年我們每到海外旅行，出發前必定會在手機上安裝該國的公眾交通 APP，即使不用來購票，也可以用來查詢火車班次與月台等資訊。雖然 Google Map 也可以查到，但以該國的官方 APP 為準，還是比較快速與正確。

我們在白天完成阿姆斯特丹最後的行程後，約下午 5 點多回酒店取行李，便搭上前往鹿特丹中央火車站的火車。

鹿特丹（Rotterdam）是荷蘭第二大城市，它沒有連綿的運河，也沒有歷史久遠的舊城區或中世紀建築群。相對於阿姆斯特丹，鹿特丹是一座新穎又現代化的城市。

從廢墟中重新站起的鹿特丹

與阿姆斯特丹的背景有點相似，鹿特丹的起源同樣與一條河有關。在西元 900 年左右，這一帶有一條匯入沼澤的鹿特河（Rotta），「Rot」一字有泥濘的水域之意。後來，下游開始有人聚居，直到 1260 年左右，人們同樣為了抵禦洪水，而在鹿特河上建築一座名為「Dam on the Rotte」的大壩（或稱「Rotterdam」）。

數百年後，鹿特丹的航運事業發展興旺，成為荷蘭、英格蘭與德國之間重要的貨運轉運站，19 世紀末更成為歐洲最重要的貨運港口之一，當時全歐洲最高的建築也建於此地。可是，二次大戰奪走無數人的生命，也改變了許多地方的命運。1940 年 5 月，德軍狂轟鹿特丹，市中心的建

1 │鹿特丹中央火車站的觀光中心。　　2-3 │觀光中心內有多款設計細緻的紀念品，以設計及建築主題居多。

4 │燈光璀璨的鹿特丹中央火車站。

築物幾乎全毀，八百多人遇難。能夠倖存至今的建築，較為知名的有聖羅倫斯大教堂（Grote of Sint-Laurenskerk，阿爾克馬爾也有一座同名教堂）與鹿特丹市政廳（Rotterdam City Hall），而前者更是鹿特丹唯一僅存的中世紀建築。

　　經過數十年的重生後，鹿特丹徹底揮別過去、浴火重生，進化成為一座滿布現代化建築的城市，並且正重返歐洲最大港的道路上。

　　新穎、獨特，是現代人給鹿特丹的形容詞。由於現代感的都市風格濃厚，一開始雖然缺乏歐洲城市一貫予人的溫厚歷史感，但歲月依舊為這座城市累積了豐富的多元性，時至今日，鹿特丹也已成為熱門的旅遊城市。

　　最讓我印象深刻的，是鹿特丹迎接旅客的第一座建築物——宛如外太空飛船的鹿特丹中央火車站（Rotterdam Centraal）。車站於 2013 年落成，是當地最具標誌性的特色建築之一。我住在面向這座火車站對面的高樓，天天都可以看到它的屋頂太陽能板熠熠生輝，非常吸睛。

玩鹿特丹的方式

　　接下來的幾天，我們規劃四條旅遊線。第一條是市中心遊覽，欣賞重建後的鹿特丹在建築設計方面卓越的成績，也會參觀方塊屋、市集廣場等特色建築，更重要的是參訪鹿特丹海事博物館，見證這座歐洲最大海港的歷史進程及未來發展。至於其他三條路線，則分別前往海牙、台夫特與小孩堤防，路程大多距離鹿特丹一個小時左右，非常方便。

鹿特丹中央火車站本身已是極具設計感的建築物，其周邊的大廈也都是個性十足的建築作品。

1-2 | 車站正門及入口大廳相當寬敞。正門掛著「Centraal Station」的巨型字板，很是特別。

3 | 入口大廳上方的大型螢幕，正播放著鹿特丹海運發展的影片。

鹿特丹是歐洲最繁忙的海港之一。

小孩堤防是荷蘭最大的風車群，
也是到鹿特丹觀光最重要的一站。

在鹿特丹住宿方面，大部分旅客會選擇住在中央火車站，或是方塊屋與市集廣場旁的布萊克地鐵站。而我們選擇入住中央火車站前方的 Premier Suites Plus Rotterdam，出門過個馬路，不用一分鐘就到火車站了。它實際上是一家服務式酒店公寓，商辦與酒店同樓，一到九樓是旅客房間，十到十六樓是辦公室，無論是房客還是辦公室職員，都是使用同一座入口與電梯，上下樓時須使用感應卡。

酒店公寓共有兩種房型，我們入住的 Superior One Bedroom Apartment，是面積較大的公寓套房，大約四十平方公尺。寬敞的空間，要平開幾個大行李箱都沒問題。房內有臥房、客廳、浴室、廚房等，還有一張沙發、小餐桌。酒店沒有提供早餐，我們都是在附近的超市購買食材，早上在廚房簡單地準備一下，便在窗前的小餐桌一邊享用早餐，一邊觀看川流不息的火車站及城市景色。我們很滿意這家酒店式公寓，在這幾天裡留下美好的時光。■

INFORMATION ────────────────────────

鹿特丹旅遊局：en.rotterdam.info
Premier Suites Plus Rotterdam 酒店：www.premiersuitesrotterdam.com

房間的窗景正對著個性十足的中央火車站。

1-2 ｜ 我們的房間有四十平方公尺，圖中是臥房及客廳，鏡頭以外還有開放式廚房，並配備洗碗機。

3 ｜ 酒店接待大廳提供明亮又舒適的休憩空間。

4 ｜ 大廳提供免費的咖啡，也備有一些付費的零食及飲料。大廳的後方是一間設備完整的健身房，重訓、有氧運動等設備應有盡有。

5 ｜ 酒店提供的租用單車。

6-8 ｜ 我們入住的酒店附近除了有超市，還有好幾家中菜餐館，而且是家鄉口味的廣東菜。這家東方美食算是最大的一間，物美價廉，很推薦。

意外有趣的博物館體驗
鹿特丹海事博物館

位在歐洲的世界級港口共有四座，分別是荷蘭鹿特丹、比利時安特衛普、法國馬賽的利哈佛，以及德國漢堡的布萊梅。

鹿特丹身為世界上數一數二的大型海港，也是世界上最繁忙的貨櫃港口，市內當然少不了一座以海事為主題的博物館。如果單從「鹿特丹海事博物館」（Maritiem Museum Rotterdam）的名字來看，我會以為這是個沉悶無趣的地方，若不是因為當天早上下雨，狼狽的我們挑了一個室內景點來代替原來的戶外行程，我大概就會與這座精彩的博物館錯身而過。

做戲做全套的鑽油平台體驗

位在呂弗港灣（Leuvehaven）盡頭的鹿特丹海事博物館，位於布萊克大道（Blaak）上，再走遠一點，就會來到市區知名的奇異建築方塊屋，以及前往小孩堤防的搭船碼頭。這一帶俗稱「舊港口區」（Oude Haven），是一座停泊充滿歷史感船隻的港口，也有不少供人居住的船屋。天氣晴朗時，旅客可以在河邊咖啡館歇腳，欣賞各種正在被塗漆或剛修理好的船隻。

博物館分為室內及室外兩大區。戶外碼頭停泊了多艘各具特色的海軍船，並設置港口常見的裝卸設施及相關作業機具。而室內可觀看到多幅恢弘壯闊的荷蘭海洋油畫。而最有趣的，莫過於鑽油平台互動體驗展區。

鹿特丹港是歐洲最大的港口，占地達 105 平方公里，分為三大區域，包含五座貨櫃碼頭、四十多個港池，碼頭線總長 37 公里，每十分鐘左右就有一艘船隻進港或出港，是世界上最繁忙的港口之一。

除了介紹影片、解說看板等基礎內容外，最受歡迎的是多種互動遊戲，主辦單位還讓所有參加者穿上螢光色背心與黃色安全帽，搖身一變成為鑽油台的工作人員，正所謂廣東話的「做戲做全套」，讓我們演戲演到底。當時剛巧有一群小朋友也來參加，他們瞬間都變成超級可愛的小小鑽油台員工。

這些多媒體遊戲讓我們體驗到海上作業的臨場感，從模擬指揮直升機降落到鑽油平台、安排貨櫃，都可以體驗。我們也玩了一回——指揮直升機失敗！（前一個小女孩輕易達成任務，為什麼我會失敗呢？）即使如此，還是大呼過癮，很想再玩一次，但實在太多人在排隊了。

還有，不能不說，此處陳設的海上鑽油平台及船隻模型，無論大小件規模，即便是外行人，也能一眼看出其精妙設計與極逼真的做工，令人驚嘆！

1 | 鹿特丹海事博物館正門，這是一座充滿知識性與趣味性的博物館。
2 | 博物館大廳。
3 | 大廳牆壁有多幅恢弘壯闊的海洋畫作。
4 | 小朋友依著指示做出不同的動作來指揮直升機。
5 | 小女孩快要成功地指揮直升機安全落地了。

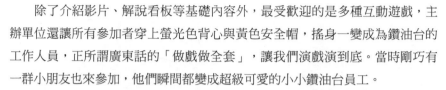

海上鑽油平台的互動體驗展區設有多款遊戲，最受歡迎的就是這個指揮直升機降落到平台上的互動遊戲，一般坊間相當罕見，連大人都覺得有趣。

　　這裡確實是一個親子遊玩的好去處。除了上述內容，小朋友還可透過各項互動遊戲了解船務運作、海洋知識，以及在海面上所感受到的風力、海潮聲等等。在遊戲前，工作人員還會派發識別卡，參加者可以使用這張識別卡，啟動各種互動遊戲，並累積個人積分。而且在遊戲過程中，我們其實已被攝影而不自知，直到最後關卡，以機器讀卡結算出個人積分後，才知道可將相片郵寄至自己的信箱。

1-2 ｜ 無論是大人或小朋友，都興趣勃勃地參觀，很多資訊都是我們在日常生活中很少接觸到的。

3 ｜ 大家能透過互動裝置選擇觀看不同主題的影片，如船務運作，還可以回答問題，以取得分數。

超逼真的追捕密室遊戲

接著，要介紹展館裡最出乎我意料的設計——就是警探在港口追捕毒犯的「密室體驗」。我們將扮演警察，遇上一個又一個真實有如電影場景的關卡。至於故事背景是：傳言鹿特丹港口有人將進行毒品交易，身為警探的我們必須前往港口追查線索與逮捕毒犯，其中又會涉及毒犯之間的間諜戰，以及法庭審理等豐富專業情節。以宛如電影的細緻度與事件的逼真度來看，我猜想這應該是改編自真實發生過的刑案。當時我們與一個三口小家庭一起進入，讓那家人的小男孩擔任警探主角，在每一個關卡做出決定。

近年很流行這種密室體驗，這座「我本以為很沉悶」的博物館竟追得上潮流，規劃出這種充滿刺激

又真實無比的緝毒情境體驗，我們再度玩得渾然忘我。

博物館內還有許多絕對不沉悶又好玩有趣的展區，比如說，假如你對鹿特丹碼頭的運作感到好奇，館內設有一個控制室，裡面有一整排宛如電玩介面的設施會為你詳細解說；還有豐富的豪華郵輪場景等等，因篇幅有限，無法逐一細說，親自來一趟就對了。

至於戶外展區，名副其實就是鹿特丹港口的迷你版，充分體現了歐洲第一大港的繁榮。碼頭上停泊了二十多艘不同年分的船隻與退役的海軍艦艇，都可以登上去參觀。幾艘退役的海軍艦艇中，最出名的是 19 世紀的荷蘭海軍船巴佛艦（Buffel），它曾服役於荷蘭皇家海軍，先後擔任巡防艦與訓練艦的角色，如今重新裝修為博物館的展示

這裡的海上鑽油平台模型不只數量多，而且種類多元。
最大的亮點是做工逼真，每一件都稱得上是藝術作品。

廳。艦上還原了各艙房的昔日樣貌，像是艦長室、軍官寢室、通訊室、士兵吊鋪、餐廳、廚房、浴室、火藥庫等，許多陳列當然也設計為互動形式。

鹿特丹的水上計程車

走著走著，剛好遇上一艘水上計程車（Water Taxi）來到博物館前方，幾位乘客在此下船。

鹿特丹的水上計程車是黃色船身，即使遠看也很容易發現，是航行於市區、東區及西區的水上交通工具，共設有五十個站。而海事博

1-3 │ 這是密室體驗的三個主要場景，分別是在港口貨櫃區追查線索、成功拘捕嫌疑犯、於法庭進行審理。圖中有一家人，我們與他們一起參與這個密室體驗。

4-6 │ 博物館前方有水上計程車站，此站是最靠近市中心的，所以特別多人在此上下船。來往市區各站的收費，每位大人為 4.5 歐元。

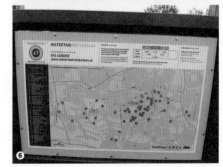

物館站稱為「Leuvehaven／Centrum」，最靠近市中心。旅客可以使用 APP 或電話叫船，在市區上船前往另一個市區站，每位固定收費為 4.5 歐元，我覺得很合理。跨區收費，最貴也只到 10 歐元。我瀏覽官網又發現，旅客可以包船遊覽，分為「Classic Water Taxi」及「Fast Water Taxi」，可載八或十人，十五分鐘收費為 30 到 45 歐元，三十分鐘收費為 55 到 85 歐元，以此類推。想一想，如果人數夠多的話，每人平均下來，實屬划算。

就在我們快要離開此地前，又意外發現戶外展區的一角，竟然有一座小碼頭。小碼頭宛如主題樂園中的遊船設施一樣，父母可以帶著小朋友坐上小船遊覽。這些電動小船都是 Water Taxi、巨型貨櫃船、經典海軍艦的超級迷你版，外觀很可愛。事後我找到官網，此設施稱為「Kids Marina」，電動小船的收費為十五分鐘 12.5 歐元。

這座博物館果然一點也不沉悶，而且處處充滿歡樂的元素，真是一個適合親子互動又能學到豐富海洋知識的天地！

INFORMATION

鹿特丹海事博物館：www.maritiemmuseum.nl
鹿特丹港口：www.portofrotterdam.com
鹿特丹水上計程車：www.watertaxirotterdam.nl
Kids Marina：www.kidsmarina.nl

1 ｜ 除了船隻外，港口的大型裝卸機械及設備也是欣賞的重點。相對於船隻，我覺得這些平常罕見的大型裝卸機具反而讓人驚喜。
2 ｜ 離開前，我們才發現小遊船設施。圖中的小電動船就是 Water Taxi、巨型貨櫃船、經典海軍艦等迷你版。我們自己也好想排隊去玩上一回。

博物館的戶外展區同樣精彩，事實上我們是先參觀這裡，著了迷後才進入館內參觀。這座碼頭停泊了二十多艘不同年代的經典荷蘭船隻及海軍船。較大型的船隻都可讓人們登船觀賞各區細節。

幾何與立方體構成的奇特建築群
方塊屋、鉛筆屋、水管屋

鹿特丹擁有「建築設計師的創意舞台」之美名，這是因為在二戰期間，這座中世紀城市遭德軍轟炸，絕大部分建築都被炸毀了。也許是經政府的積極鼓勵，重建後的鹿特丹市中心出現了許多極具設計感的建築物。我想在日後漫長的未來裡，也一定會有出乎世人意料的建築物陸續出現，無論是本地人或是外國人，都會很期待的。

讓建築師大展身手的城市

要說鹿特丹是一個奇怪建築物的集中地，不免誇張，不過只要隨意在鹿特丹中央火車站附近走走，很快就會發現不少樣貌奇特的建築物（當然也包含中央火車站本身）。旅客除了要認識中央火車站，還一定要知道布萊克地鐵站（Rotterdam Blaak），因為它是城內另一個主要火車站及地鐵站，也是數座獨特建築匯聚的區域，很受旅客歡迎。因此，只要來此站走走，便可以一口氣觀賞到新奇前衛的方塊屋、鉛筆屋、水管屋、鹿特丹市集廣場，以及聖羅倫斯教堂。如前文所述，聖羅倫斯教堂並不是什麼摩登現代的教堂，而是在二次大戰中少數倖存的中世紀建築。

另外，鹿特丹市集廣場附近是多條熱鬧的購物街與Koopgoot等多間大型購物中心，不用多說，這一帶就是市中心的黃金區域。因此，不少旅客會放棄中央火車站，改在這塊黃金區域住上幾天。歐洲平價連鎖酒店也出現在這裡，稱為「Hotel ibis Rotterdam City Centre」，應該是不少人的選擇。

當天我們是在參觀完鹿特丹海事博物館後，沿著布萊

1 | 方塊屋雖然大多數是住宅，但開放公眾參觀。
　　此乃入口處。有沒有留意到地磚是六角形的？
　　這是呼應方塊屋的六邊形基座。

2 | 隨意從任何角度觀賞方塊屋，你的眼中會出現
　　千變萬化的幾何線條組合。

克大道走過去的。迎面而來的，正是那座飛碟外形的布萊克車站。這裡除了火車和地鐵，前方還有同名的路面電車站，算是另一種形式的三鐵共構。車站的一邊是方塊屋、鉛筆屋與水管屋所組成的一幅新奇前衛建築群的畫面，另一邊是巨型馬蹄形的鹿特丹市集廣場，以及市內唯一能感受到歐洲中世紀氣息的聖羅倫斯教堂。那麼，我們先去方塊屋走走吧。

藏著純淨森林的方塊屋

方塊屋群（Kijk-Kubus）是由一個個傾斜四十五度角的巨型立方體組成的。事前看過好多次照片，來到現場後，我還是感到很不可思議，怎麼會有這麼天馬行空的建築設計呢？多年來，幾乎每一本介紹鹿特丹的旅遊書都會用上方塊屋的照片，而且放到很大。若要比鹿特丹最特別的建築前三名，方塊屋必定入列。

建築師皮特・布洛姆（Piet Blom）是方塊屋的靈魂人物。他基於「居住在城市的屋頂上」（Living under an urban roof）這個理念，設計出多項充滿設計感又備受好評的建築作品，而方塊屋旁、同樣很奇特的鉛筆屋也是他操刀的成果。

方塊屋的構思來自森林。每一間房舍都是一棵樹，這

一整排數十座鮮黃色的方塊屋，正是創造者布洛姆心中那片奇特的森林。在他眼中，樹上搭建的樹屋都是小孩子最珍貴的祕密基地，或是內心至深處的一片純淨天地。於是他把像魔術方塊一樣的立方體傾斜，並安置（建造）在六邊形的基座上，組合成方塊屋的基本結構。

鹿特丹的方塊屋建於 1980 年代初，不過在十多年前，布洛姆在荷蘭南部的海爾蒙德市（Helmond）即已首次實現方塊屋的構思。雖然那邊的房屋數量不多（至今還有人居住），卻為方塊屋提供了最初成功的經驗。

揭開方塊屋神祕的面紗

鹿特丹方塊屋落成至今有三十多年，先後經歷兩次大規模維修及擴建（官網展示了興建過程的珍貴圖片，從中可一窺方塊屋的內部結構）。目前大小兩種方塊屋合計共五十多個，大部分為住宅，採開放式，即任何人都可進入中央的庭園參觀欣賞，所以從早到晚都有大批旅客進出拍照打卡。

目前部分屋舍的一樓是小商店與餐館，其中有幾間房屋由一家青年旅舍 Stayokay Hostel Rotterdam 經營。旅舍的房間樣式多，有兩人房、四人房、六人家庭房及單人床位。想體驗住在不規則方塊屋的感受的旅客，花費不用多，也

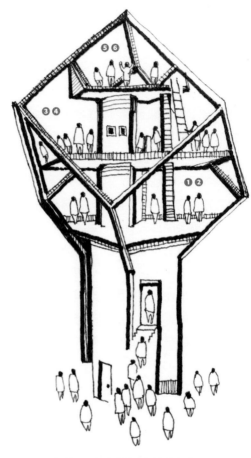

1-2 │ 第一層包含客廳及開放式廚房。

3-4 │ 第二層為兩間臥室和一間浴室，是三
　　　　層中面積最大的空間。

5-6 │ 第三層是閣樓及工作空間。不用多說，
　　　　全屋家具都是設計師量身打造的。

每個人看到的方塊屋幾何線條組合都各有不同，真是愈看愈著迷。

可以住上一晚。

　　若不想住青年旅舍，又好奇一個人要如何在這個奇妙的不規則空間裡生活，便要去到門牌 70 號的 Museum House。它是唯一一間開放給公眾付費參觀的展示間，讓大家可一探裡面的生活狀況及室內結構。若不計算最下面、用來當作出入口的第一層，每一間方塊屋在立方體裡面共有三層樓，以第二層的空間最大，共計 100 平方公尺。

　　實際走進方塊屋的感覺很新奇，走上階梯，彷彿來到外星人的家。第一層樓是客廳與開放式廚房，第二層為兩間臥室與一間浴室，最後，頂層為小閣樓及工作空間。屋裡自然到處是邊邊角角，並不方正，卻面面都有明亮的窗景，太陽光線能夠自然流瀉，讓住客不會因為漫長的寒冬而感到憂鬱。特別是床鋪上方的天窗，早晨的陽光從天空灑下，讓人暖暖地醒來，這應該是住在這裡最讓人感到幸福的事情之一。

　　我想像著自己住在裡面生活的畫面——屋內到處都是三尖八角，加上空間不算寬敞，的確有些壓迫感。值得一提的是，由於屋內全部的牆壁和窗戶都是傾斜的，因此大約有四分之一的面積因其傾斜構造而無法使用。還有，樓梯空間比較陡、比較窄，我不禁聯想到，多數荷蘭人都高頭大馬的，這樣的空間是不是有點過小了？所以若問我想不想住在方塊屋……我的答案不言自明。

其實這一個個方形立體的方塊屋，還讓我聯想到變形金剛的電影畫面，說不定在深夜時分，當屋內人都入睡後，這些方塊屋就會變身成機器人飛到鹿特丹的夜空中……就在我沉迷於天馬行空的世界時，又發現原來有部分的房屋是橫跨行車及電車的路面，不曉得那些住客是否會因為經常聽到路面電車及車子駛過的躁音而感到煩擾，還是覺得這是另類的城市生活享受呢？

同樣吸睛的白宮、鉛筆屋與水管屋

補充一下，當我們走到方塊屋內園另一邊的盡頭，便可觀望到外面運河上的白宮（Witte Huis），這座建築散發著典雅氣息，吸引住我的目光。這座十層高的新藝術風格建築建於 1898 年，想當年堪稱是歐洲最高的大廈。它與聖羅倫斯教堂一樣，在二次大戰中倖存下來，目前是世界文化遺產。

至於方塊屋旁邊有一棟不開放的公寓，同樣是方塊屋靈魂人物的作品。六角形的建築，頂著小尖塔，看起來就像一枝肥肥的鉛筆，很可愛。其不遠處還有鹿特丹中央圖書館（Centrale Bibliotheek Rotterdam），俗稱「水管屋」。白、黃、藍三個顏色搭配亮眼，外露的鮮黃色水管頗富童趣，成為其標誌。此圖書館總面積為 24,000 平方公尺，是全國大型的圖書館之一，任何人都可以入內參觀。

INFORMATION —————————————

方塊屋：www.kubuswoning.nl
方塊屋青年旅舍：www.stayokay.com
白宮：www.inhetwittehuis.nl

1 ｜鉛筆屋的全貌，真的好像一枝粗鉛筆。　　2 ｜布萊克地鐵站。
3 ｜有鮮黃色的大圓管攀附在外牆的，是鹿特丹中央圖書館，鮮黃搭配深藍的互補色，讓建築亮眼醒目，當地人暱稱「水管圖書館」。
4 ｜走到中央庭園另一邊盡頭，可觀望到外面運河上的白宮，此乃世界文化遺產。

在世界最大的拱廊市場吃午餐
鹿特丹市集廣場

布萊克地鐵站一帶，是鹿特丹市中心的黃金區域，也是奇特建築物的集合地。車站一邊是方塊屋、鉛筆屋與水管屋，另一邊的龐然大物，則是本文要談的鹿特丹市集廣場（Markthal Rotterdaml）。既然要去一個可以大快朵頤的地方，最理想造訪的時間就非中午或黃昏莫屬。我們選擇在中午時造訪。

談美食前，先分享這座建築的背景及設計特色。鹿特丹市集廣場的所在地，長久以來一直是荷蘭最大的露天市集，後來因應歐盟衛生環境的法規，熟食必須在有頂蓋的空間內販售，因此市政府決定興建一座室內生鮮市場。鹿特丹既然擁有「建築設計師的創意舞台」美稱，當然不會「容許」一座外觀沒有特色的新室內市場吧！

室內市集歷經五年時間建造，在 2014 年正式開幕，旋即得到全國目光，盛讚為最時尚又充滿藝術氣息的菜市場，成為鹿特丹最新的熱門觀光景點。慕名而來的外國旅客愈來愈多，後來更被英國《衛報》評為歐洲十大美食廣場之一。

漂浮著美食銀河的拱頂建築

市集廣場有三大特色，讓人嘆為觀止。一開始我便用上「龐然大物」一詞，那它到底有多巨大呢？首先，這個市集是一座馬蹄形的拱頂建築，高達 40 公尺；兩個主要入口就在建築物前方（面向布萊克地鐵站）與後方，均安裝全歐洲面積最大的玻璃窗，可讓充足的自然光灑進整個寬闊的室內空間。既然是號稱歐洲最大的玻璃窗，安全自然十分講究，所以玻璃窗框採用鋼骨結構設計，可以穩妥地

抵擋鹿特丹海港的強勁風力。

我們在前方入口進入，邊走邊看著這幅超巨型玻璃窗上反射出的景象──竟是擁有鮮黃色大圓管攀附在外牆上的鹿特丹中央圖書館。我們讚嘆不絕！後來我們從後方出口出去後，又發現後方的玻璃窗透進了前方的玻璃窗，竟然可以看到鉛筆屋，這幅多層次的畫面真的非常奇妙。

接著走進室內後，旅客再抬頭一望，便會發出第二次驚嘆──整座拱頂有一幅超巨型的「美食銀河」壁畫，我彷彿看到頭頂上出現各種花卉、蔬果、食材正在外太空漂浮著的超現實畫面，正好與場內的生鮮與美食相輝映。這

1 │ 市集廣場是一座結合公寓、辦公室、市場的混合型建築，旅客在其兩側可見到公寓。
2 │ 自然光透過超大面積的玻璃灑進室內。仔細一看，拱頂的一個個黑色方格，其實是公寓的窗口。
3 │ 11,000 平方公尺大的巨型蔬果彷彿在銀河中漂浮著，何其壯觀！

幅裝置大量 LED 螢幕的壁畫，面積達到 11,000 平方公尺，是世界上數一數二超大面積的彩繪作品。

「樓下即是市場」的便利設計

一開始，我只曉得這裡有林林總總的美食，怎料我太看輕建築師的精彩構思。事實上，這個室內市集是一座結合公寓、辦公室、市場的混合型建築。

先說拱頂之內，樓高十五層，包含一百個美食攤位、十五家美食餐廳，以及四層樓高、最多可停泊 1,200 輛車的地下停車場。

至於公寓與辦公室在哪兒？剛才只提及拱頂之內，有沒有想到拱頂外面？當你繞到市集廣場的外面兩側，就會見到總數達 228 戶的公寓及辦公室，仔細一看，每一戶均

1-3 ｜ 市集廣場有一百個美食攤位及多家餐廳，要來訪幾次才吃得完呢？

有一個面積不小的陽台，還可將方塊屋等新穎奇特的建築盡收眼底。居住在這裡的人應該會感到很方便，生活上絕大部分的日用品與食材，都可以在公寓樓下找到、買到，也可以隨時吃到本市的知名菜式。

憑著引人注目的馬蹄形拱頂建築、世界最大的室內鮮豔壁畫，以及結合住宅功能的總體設計，難怪這座市集廣場一開幕就迅速成為鹿特丹的城市新地標。

接下來，我們就要開始覓食了。

荷蘭傳統國民美食之一：鹽漬生鯡魚

一百個攤位囊括生鮮魚肉類、異國乾香料、起司、甜品、花卉及酒類飲品等等，面積將近一座專業足球場這麼大，究竟要怎麼挑選呢？我以特別多旅客會關心的地道美食為主來分享。

日本人吃生魚片，荷蘭也有他們的生魚片，即是鯡魚（荷蘭語：Haring／英語：Herring）。因為是荷蘭傳統的國民美食，這個市集有好幾家店都可以吃到生鯡魚，定價也都很接近。我們挑選最靠近前方入口處的 Andalus Fish 海鮮店，它除了販售生鯡魚外，也有很多海鮮料理、魚肉炒飯等。而且它的用餐區就在店鋪上方，旁邊有一條樓梯走上去，可以邊品嚐邊觀賞頂上壯觀的壁畫。

嚴格說起來，「鹽漬生鯡魚」才是這道國民美食的標準名稱。製作生鯡魚的傳統流程大致如下：鯡魚捕撈上岸後，工作人員立即清除鰓、胃等會讓魚身產生苦味的臟器，之後再將魚放入裝滿鹽的容器中，待其熟成。由於沒有清除內含酵素的胰臟，所以魚肉會更具風味。

荷蘭的大街小巷都看得見賣鯡魚的攤販，我們在阿姆斯特丹街道與北海小鎮的沃倫丹也遇見不少。據統計，荷蘭人每年大約吃下至少 7,600 萬條鯡魚，而同樣是沿海國家的鄰國比利時，只有 2,000 萬條，這樣一比，足可見荷蘭人有多喜歡吃鯡魚了。

吃鯡魚主要有兩種方法。一種是單吃生鯡魚配洋蔥、酸黃瓜，價錢通常在 2 到 2.5 歐元，在阿姆斯特丹會貴一點，至少 3 歐元。第二種吃法則是夾入麵包中變成漢堡內餡，通常為 3 到 3.5 歐元。前者是本地人最傳統的吃法，他們喜歡抓著魚尾，以朝天咆哮的咧嘴之姿來一口下肚，洋蔥的生辣味、魚身的鮮味、以及酸黃瓜的甜味混合在嘴中。第二種吃法因為可以增加飽足感，所以也有很多人喜歡。

吃海鮮這回事，無論在香港、台灣、荷蘭，都會有

1 | 這家 Andalus Fish 就在前方正門入口處，以海鮮料理為主。同場還有好幾家主打海鮮料理的餐廳，都很受歡迎。

2 | Andalus Fish 提供將近二十種小吃，價錢大約數塊歐元。我們挑選一號餐，就是鯡魚配上麵包。

3-4 | Andalus Fish 也販賣多種海鮮。客人點餐後，店員馬上料理，數分鐘後上桌。眾多海鮮中，一定會見到荷蘭國民美食——鯡魚。

5-6 | 像 Andalus Fish 這樣的海鮮店，在荷蘭街上隨處可見，尤其是沿海地區。圖中是上一站我們在北海小鎮沃倫丹碼頭大街上遇見的。

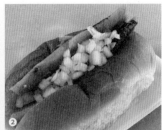
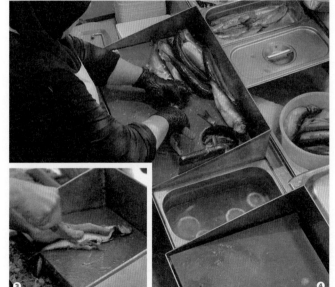

1-2 ｜ 鹽漬生鯡魚不但擁有生魚片的鮮甜，而且帶點鹹魚味，能夠整條一口品嘗，真是過癮。

3-4 ｜ 店員將醃漬鯡魚放置在料理檯上，手起刀落地去頭，把背脊從尾部一分為二，再配上洋蔥，荷蘭傳統的道地美食就可端上桌了。

盛產期。每年 5 月底到 7 月，就是鯡魚的盛產季節。準備進行產卵的鯡魚，在這不足的兩個月裡，油脂量會大幅增加，因此期間所捕獲的鯡魚，會特別稱為「荷蘭新鯡魚」（Hollandse Nieuwe）。這與其他季節的鯡魚有何分別？當然在於油脂量的豐富與否——豐富的油脂量可以讓魚肉更加飽滿與柔軟。因此，進入荷蘭新鯡魚的產季，荷蘭人都愛聚集在魚攤前，開張大口享受期間限定的最佳美味。至於我們來訪時已是 7 月底，無緣品嘗到荷蘭新鯡魚，只能吃到一般鯡魚。

荷蘭傳統國民美食之二：荷式鬆餅

在市場裡出現頻率最高的食物，除了鯡魚外，還有荷式鬆餅（荷蘭語：Stroopwafels，又稱「荷蘭鬆餅」、「荷蘭華夫餅」／英語：Syrup Waffles）。它也是國民美食，在荷蘭街頭或超市隨處可見。不過說到最好吃的，我覺得當然是新鮮現做的荷式鬆餅。

荷式鬆餅看似只是一片簡簡單單、平凡無奇的圓餅，其實步驟很多。首先將由麵粉、奶油、紅糖、酵母、牛奶與雞蛋揉合成的麵團，捏成乒乓球大小；接著放進鐵製鬆餅烤盤壓扁烘烤，用圓形切模切掉不整齊的邊緣；烤成圓形餅乾後，再將餅乾橫剖成兩半，抹上金黃色的焦糖醬合

5 | 這是八片包裝，一包 2.5 歐元，三包 6.5 歐元。我們買了九包。

6 | 這是餅碎小包裝，一包 0.6 歐元，三包 1.5 歐元。留意圖左，還有餅碎大包裝！

起後，即成為這個荷蘭人居家必備、拜訪必帶的傳統小吃。

　　荷式鬆餅起源於高達地區，知名的高達起司也是源自此地。鬆餅有幾個誕生的說法，其中之一是 18 世紀末，一位居住在高達的無名麵包師傅利用麵包工廠內剩下的麵粉、糖、蛋、奶等材料製作出這道小點心。由於是利用剩餘材料製成的，因此定價十分便宜，推出後受到普羅大眾的熱烈歡迎。

　　其後，這款源自高達地區的鬆餅擴展到其他地方，經過兩百多年，早已成為荷蘭人的另一款國民美食。時至今

1-3 | 比臉還要大的手工鬆餅，每份 1.75 歐元。看著店員把剛烤好的燙手荷式鬆餅交到我手上，讓我忍不住大快朵頤。

4 | 不同包裝、不同口味的荷式鬆餅，每款都想買下來。

日，無論在超市、百貨和傳統市集都可見到它的蹤影。在超市和百貨能買到的是工廠量產的包裝，外形漂亮、價格低廉。不過我們更鍾情於餐車販賣的手工荷蘭鬆餅，原因很簡單，它比量產包裝的更香醇、更濃郁。

市集廣場外面便是聖羅倫斯教堂及長長的購物街，路上有不少攤販，我們驚喜地遇上一家正在手工製作鬆餅的攤販。看著店員把剛烤好的燙手荷式鬆餅交到我手上，實在太高興了！手工鬆餅的尺寸比臉還大，每份 1.75 歐元。現做鬆餅甜而不膩、口感酥熱，實在直擊我心，往後每逢在街頭遇見現做鬆餅，我毫不例外都立刻買下來。

除了熱呼呼剛烤好的鬆餅，還有其他八片包裝、十六片包裝、餅碎包裝、禮盒包裝，及各種不同口味等等……多希望每一款都帶回去。我們確實買了不少，原本是想留作伴手禮的，結果旅程還未結束，就都被我們自己吃光了！▬

INFORMATION

鹿特丹市集廣場：www.markthal.nl
Andalus Fish：www.andalusfish.nl

1 │ 市集廣場旁邊的聖羅倫斯教堂。二戰時，鹿特丹幾乎被夷為平地，它是少數倖存的中世紀建築。
2 │ 市集廣場附近一帶便是市中心的黃金地帶，購物中心林立。

海、河、橋、摩天大樓的交織
新馬斯河河岸區

鹿特丹市中心的遊覽，實際上分為兩大區域。上一篇文章介紹的布萊克地鐵站，屬於市中心的黃金區域，匯聚方塊屋、市集廣場及多家購物中心。而本文所談的河岸區，則是另一個區域。

橫亙城市南北岸的新馬斯河

所謂河岸區，究竟是指哪一條河流的兩岸呢？這要先談談與鹿特丹起源有關的鹿特河，這條小河流最後注入更長、更大的馬斯河（Maas）。隨著近一千多年的發展，歷經城市、河道及運河的建立、整合，造就新馬斯河（Nieuwe Maas）的誕生。

新馬斯河與鹿特丹城市及海港的發展有著莫大的關係。這條全長 24 公里的新馬斯河，上游位於東邊，由另外兩條河流萊克河（Lek）及諾德河（Noord）匯聚而成；而萊克河與諾德河都是源自歐洲最長的河流——全長 1,200 多公里的萊茵河，兩河都是其分支。知名的世界文化遺產小孩堤防，便在萊克河、諾德河與新馬斯河的三河交匯點不遠處。新馬斯河由東邊的上游流經鹿市南北兩岸後，朝向西端一直流動，途經占地十分遼闊的鹿特丹港口區，最終流入北海。

鹿特丹市北岸是精華地區，前文介紹到的景點如中央火車站、鹿特丹海事博物館、布萊克地鐵站，都屬於北岸。跨越新馬斯河、連接北岸與南岸，有幾道大橋，其中一道正是這座城市的地標，即伊拉斯謨大橋（Erasmus Bridge）。

新馬斯河、天鵝橋及南岸的知名摩天大樓群組成的畫面，
便是最經典的鹿特丹河岸景色。

155

優雅如天鵝的伊拉斯謨橋

建於 1996 年的伊拉斯謨大橋，長約 802 公尺、寬約 33 公尺，屬於斜張橋（Cable-Stayed Bridge，又稱「斜拉橋」），是一種由多座橋塔與鋼纜組成、可拉起橋面的橋梁。橋面開闊的位置靠近南岸那邊，可開闊式橋梁長達 89 公尺，這也是西歐最大也最重的開闊式橋梁。這座橋的外觀是以天鵝優雅的姿態為雛型來設計的，所以也有「天鵝橋」的外號。

至於此大橋的名字「Erasmus」，是紀念生於鹿特丹的伊拉斯謨（Desiderius Erasmus）而命名的。他是文藝復興時期荷蘭著名的人文主義思想家與神學家，位於市集廣場

聖羅倫斯教堂前方的伊拉斯謨雕像。

旁邊的聖羅倫斯教堂，這座少數倖存的中世紀建築前方，便有伊拉斯謨雕像。其著作《愚人頌》（*In Praise of Folly*，又譯《愚神禮讚》）於 1511 年出版，一度被列為禁書，只因為此書批判當時的羅馬教廷與君主制度，但對於後世而

連接北岸與南岸的天鵝橋。

橫跨在新馬斯河，將鹿特丹南北兩岸連接起來的現代吊橋。由於造型很像展翅高飛的天鵝，當地人稱為「天鵝橋」。當天，我們坐路面電車先前往南岸，再散步走過此橋，欣賞兩岸全景。

言，它是文藝復興時期促進新教改革運動發展的名著之一。

　　天鵝橋兩岸以壯觀的景色著稱，新馬斯河、天鵝橋及南岸的知名摩天大樓群所組成的畫面，正是這裡最經典的河岸景色。要遊覽這幅景色，應先前往伊拉斯謨大橋旁邊的北岸碼頭一帶，搭路面電車是最方便的。Willemsplein 站最靠近碼頭，不過只有 7 號電車能抵達；距離較遠的 Leuvehaven 站，有多條電車經過，因此較多人會去。

在北岸碼頭欣賞現代建築秀

　　來到這個北岸碼頭，除了觀賞對面的河岸景色，也可以搭乘前往小孩堤防的水上巴士（Water Bus）。

　　前往新馬斯河沿岸的多座小鎮，比較快捷的交通不是陸路，而是坐船；我們便常常看到，前往近郊旅遊的當地

1　河岸區北岸的碼頭，圖中為 Spido 觀光遊船，鏡頭以外還有往小孩堤防的水上巴士。
2　北岸碼頭的餐廳。

人往往會帶著單車上船，抵達目的地碼頭後，就可踏上單車展開旅程。這裡有幾條水上巴士路線，最多班次的自然是去小孩堤防的那條航班。另外，碼頭上還有大型的 Spido 觀光遊船，雖然礙於時間，我們沒有搭乘，但其航線很值得分享，且與後文介紹的鹿特丹港口區也有關聯。

　　相對於北岸，南岸的發展較新，尤其沿岸在這二十年間陸續出現多座充滿設計感的摩天大樓，再加上新馬斯河與天鵝橋，便構成河岸區最吸睛的景色。以落成年分來說，方塊屋、鉛筆屋等處，誕生於 1980 至 1990 年代；而鹿特丹中央火車站、市集廣場及河岸區的摩天大樓群，則在 2000 年後才開始出現，為這座城市增加新穎、奇特的建築地貌。

　　這一整排大約十座的摩天大樓，其中鼎鼎大名、外觀最引人注目的，就是依偎在天鵝橋旁的 KPN 大樓與 De Rotterdam。KPN 是荷蘭皇家電信（Royal KPN N.V.）的簡稱，其前身屬於國營企業，全國市占率高達 50%，是荷蘭最大、最老牌的電信業者。KPN 大樓總部，全名為「KPN HQ De Link」，建築師是 1998 年普立茲克建築獎得主、義大利建築大師倫佐・皮亞諾（Renzo Piano），法國巴黎龐畢度中心也是其作品。KPN 大樓最大特色，就是其一邊的側面是上寬下窄的斜面，樓層愈高，面積愈大，反之則愈小。有趣的是，在這個斜面之下的地面安裝一根巨柱，穩

右邊為 KPN 大樓，其最大特色是斜面設計，並有一根巨柱支撐著整座大樓。左邊為 De Rotterdam 的切割整體建築結構，在外觀上呈現多元的變化性，時而見為一棟建築，時而見為三棟建築。

固地連接在大樓一半高度的位置，彷彿是這根巨柱支撐著這座隨時都會倒塌的大樓。至於河岸區最出名、最巨型的建築，莫過於 De Rotterdam，是 2000 年普立茲克建築獎得主雷姆・庫哈斯（Rem Koolhaas）的傑作。

鹿特丹真是建築界的實驗天堂，奇形怪狀的設計看多了，好像也就見怪不怪了。不過讓我一眼就留下印象的建築物，這棟上下層錯位的矩形堆疊建築肯定在我的前三名。

44 層樓高的 De Rotterdam 於 2013 年落成，是荷蘭最大、最密集的建築物，包括商辦、住宅、餐廳、飯店與休閒等機能一應俱全。我們若站在對岸碼頭、天鵝橋上，或

是到船上觀賞，會發現這座乍看是一棟的 De Rotterdam，其實在某些角度上看來是三棟建物。原來其結構設計實際上分為七大區塊，最下面的區塊是一個貫穿底部、連接戶外的公共空間，上面則是六個向上錯位堆疊的空間。

一窺港口全貌的觀光船

最後，說回 Spido 觀光遊船及鹿特丹港口區。

鹿特丹港口區是歐洲最大的港口之一，占地達 105 平方公里，擁有五座貨櫃碼頭，四十多座港池。我在參觀鹿特丹海事博物館時，閱讀到這番介紹，不期然聯想起香港也是擁有世界級的港口地位，促使我好想來一趟鹿特丹港口區的行程。可惜未能成行，但也介紹相關資訊給大家參考。

面積龐大的港口區實際上是在哪裡呢？剛才提及的 Spido 觀光遊船，主要分為兩條航線。先說班次最多的標準線，即觀光遊船離開北岸碼頭後，便朝向新馬斯河下游行駛，旅客可沿途欣賞繁忙的船舶交通、貨櫃碼頭與造船廠等景色。這條線稱為「Rotterdam Harbour Tour」，全程約 75 分鐘，價錢為 15 歐元左右。「Extended Harbour Tour」則是觀光遊船的另一條航線，只在 7、8 月分、每逢週末及週日行駛，全程 2.5 小時，帶領旅客真正地觀看港口區全貌。

港口區由三大區域構成：博特萊克港區（Botlek）、歐

巨型郵輪會由北海進入鹿特丹港口區，直達市中心，並在南岸郵輪碼頭下船。旅客下船後，即可展開市區旅程，相當方便。位於圖中前方的 Spido 觀光遊船，正朝向新馬斯河下游，帶領旅客觀賞世界最大港口之一的風光。

羅波特港區（Europoort）、馬斯萊可迪港區（Maasvlakte）。觀光船會先見到博特萊克港區，馬斯萊可迪港區位於新馬斯河下游與連接北海的位置，而歐羅波特港區是全區最大的。港口區沿途不只有數量龐大的貨櫃，還有冶鐵廠、煉油廠、化學工廠、石油廠及礦石廠等設施。

至於巨型郵輪是由北海駛進新馬斯河，深入至鹿特丹市中心的南岸碼頭，即 De Rotterdam 對面的河邊停泊，郵輪乘客下船後，不用搭乘接駁船，即可展開市內的觀光行程。

鹿特丹海港的 Futureland

在最外圍的馬斯萊可迪港區，目前還在擴展中，代表港口區下一個重要階段的來臨。鹿特丹海港博物館坐落附近——注意，這不是市內的鹿特丹「海事」博物館。前者的英文為「Futureland」，是很有意思的名字。這座博物館主要介紹港口區，設有遊覽馬斯萊可迪港區的觀光船。

若有興趣來訪此地，要特別留意，除非自駕，火車及公車都不適合。而上述 Extended Harbour Tour 可能也不適用，因為乘客無法下船。因此旅客可參加 Spido 觀光遊船公司所提供的「Futureland Experience」，這個旅遊套票包含北岸碼頭與 Futureland 之間的來回旅遊巴士，以及 Futureland 門票與觀光船票。

遺世獨立的退休老吊橋

最後來為鹿特丹市區觀光做個總結。

當天，我們坐路面電車從中央火車站出發，首先來到南岸，即是最靠近 KPN 大樓的 Wilhelminaplein 站下車，此處也有同名的地鐵站。若只是在南岸碼頭遊覽景色，總覺得不夠滿足，所以打算在天鵝橋上走一走，如此便能多一個角度觀望兩岸及新馬斯河的景色。

一台台擁有大型裝卸設備、裝載數量龐大的貨櫃的巨型貨船，
讓我們看到不一樣的風光。

值得一提的是，在橋上，我們可以從上游一側看見 Noordereiland 河中島。這是一座全數由四、五層樓高的住宅組成的寧靜小島，它在地圖上的形狀是長長的，彷彿是一條遺世獨立、悠遊自在的小魚。小島一邊有一座稱為「Willemsbrug」的紅色鋼斜拉橋，可連接到北岸區，最靠近的景點即是方塊屋。而小島的另一邊，同樣有一座現代化吊橋連接到南岸；重點是，在這座橋旁邊，還有一座已經退休的 De Hef 鐵道吊橋，落成超過一百年，且整座鐵道吊橋原本是由北岸到河中島，再連接到南岸的。如今，火車行走河底隧道、來往兩岸，火車吊橋也算是完成它的歷史任務，但它仍極具意義，因而保留河中島與南岸這一小段，成為城市的標誌物。至於它的現況，從其全名「De Hef Railway Lifting Bridge」的「Lifting」便可猜到，它的整個火車路軌橋面是長期升起的；我們因此注意到，有別於這裡常見的斜拉橋，其橋面是如升降機一般，以水平方式升降的。

原本打算到河中島附近走一走，不料始終陰雨綿綿，為了避雨，便去了鹿特丹海事博物館，因此遇上一個很值得推薦的好地方。接著，我們安排中午時段前往市集廣場大快朵頤，享用荷蘭國民美食後，才參觀方塊屋等景點。河岸區、海事博物館與市集廣場等處，其間步行距離都不遠，大約二十分鐘的腳程，大家應該可以走得很輕鬆。

下一篇開始，我們要往城外走，分別前往小孩堤防、海牙及台夫特。▱

INFORMATION

Spido 觀光遊船：www.spido.nl
鹿特丹海港博物館：www.futureland.nl

Noordereiland 河中島。

以風車治水的古老智慧
鹿特丹近郊的小孩堤防

有一則諺語是這樣說的：「上帝造人，荷蘭人造陸。」當我實際踏上荷蘭土地，在處處都是運河的大城小鎮走過、看過，深入風車內部了解其結構與操作，以及閱讀到當地人長久以來如何艱辛治水等種種故事後，便真心覺得這句諺語一點也不誇張。

簡潔來說：「荷蘭就是世界上對惡劣環境採取最積極治理措施的國家之一。」所謂惡劣環境，是指被兩場大洪水淹沒過，之所以如此，全因荷蘭大部分的土地都低於海平面下，最低點甚至低達海平面以下七公尺。在漫長的歲月裡，堅毅的荷蘭人透過不斷改良的風車系統來治水，使得全國三分之二的土地免於洪荒之災。還有，為了擴充土地而採取的圍海造田，也是依靠風車的動力來抽掉農田中的水。由此可見，風車對荷蘭人來說何等重要。

在人類歷史上，第一座風車是在古希臘出現的，中國使用風車的歷史也很早，而西歐第一座風車出現於法國諾曼第。18 世紀末是歐洲風車的全盛期，當時荷蘭的風車多達 12,000 座。這些風車除了排水以外，還用於碾穀物、造粗鹽、製菸葉、榨油、造紙與編織毛氈等，用途非常廣。

一次看盡 19 座風車群

由於荷蘭氣候潮溼多雨、風向多變，當地人因而設計出有別於他國的風車，其中一項就是為了讓風車四面迎風，便將其頂篷安裝在滾輪上，這樣便可因應風向來轉動頂篷。荷蘭最大的風車可高達數層樓之高，風翼長達二十多公尺。

進入 20 世紀，雖然風車的排水功能早已被現代化的

世界上沒有任何一處的風車,比
小孩堤防的風車還要多。這裡的
19座風車幾乎完整保留它最原始
的狀態。壯觀的風車群,一座挨
著一座,象徵荷蘭人不畏大自然、
與水奮鬥的堅毅精神。

機械取代，但荷蘭仍保留了兩千多座風車，一說起風車王國，大家必然聯想到荷蘭。荷蘭人也總是把風車裝飾得漂漂亮亮的，特別是在盛大的節日裡，會在風車上圍上花環、懸掛國旗。至於 5 月第二個星期六的荷蘭風車節（Molendag），全國各地、為數眾多的風車更會開放給大眾參觀。

小孩堤防（Kinderdijk）算是鹿特丹近郊最著名的景點了，因為這裡可以讓人一次看盡 19 座風車系統，是全國結集風車最多的地方，並且在 1997 年被登錄為世界文化遺產，成為大部分旅客的必遊之地。順帶一提，阿姆斯特丹近郊的贊斯堡風車村，算是第二熱門的風車群。

前文提到，位於鹿特丹市區東邊 15 公里處的小孩堤防，地處萊克河跟諾德河的交匯處；兩河本源自歐洲最長的萊茵河，後匯流成新馬斯河，一直流到下游的鹿特丹港口區，最終匯入北海。

步出小孩堤防碼頭，便可見到這家伴手禮店及咖啡店，旅客可租借單車，每小時數塊歐元，全天則為 20 多歐元。

從鹿特丹市區到小孩堤防可分水路及陸路，旅客通常會選擇較為簡單的水路方式。首先搭電車到伊拉斯謨大橋（天鵝橋）的北岸碼頭，搭上 202 號或 20 號水上巴士均可。直達船 202 號最為方便，約三十分鐘，不過只於每年 5 月初至 10 月底營運。20 號則是全年營運，不過中途需要轉搭接駁小船才能抵達。我們來對時間，自然搭得到 202 號。

1 ｜ 我們坐上 202 號水上巴士出發。
2 ｜ 單程船票為 4 歐元。
3 ｜ 水上巴士後段的戶外空間。

小孩堤防為何會有「小孩」？

荷蘭字「Kinderdijk」，英語寫作「Children Dike」，即是「小孩堤防」。相信很多人對這個「小孩」的來源很感興趣，歷史上也有好幾個版本，以下故事最廣為流傳，官網也採用這個說法。

「Elshout」是這座村莊原本的名字。話說 1421 年，荷蘭遭遇一場導致一萬人死亡的大洪水，史稱「聖伊莉莎白洪水」（St. Elisabethsvloed），名列史上最惡劣的洪水第二十名，其災難性的破壞可想而知，而 Elshout 村只是其中一小處。

災後，倖存者回到當地巡災時，發現遠處有一個搖籃在水面上搖盪，並傳來嬰兒的哭聲。當搖籃靠近岸邊時，人們才看到有一隻貓在裡面跳來跳去，試圖使搖籃保持平衡，避免被水淹沒。「嬰兒在水災中奇蹟般地獲救了！」這件事為倖存者帶來盼望，於是他們便把此村名字改為「Kinderdijk」。

精準地說，「Kinderdijk」為常用的名稱，「Kinderdijk-Elshout」才是全名。小孩堤防就像一座公園一樣，如果只是去散步的話，不需要在觀光中心購票，直接進去即可。

此地占地遼闊，風車的間距頗遠，若要完整參觀，慢慢走上一圈需費時三、四個小時。完整參觀的意思是指：

如此寬闊的自然視野，一座座風車佇立在河岸邊，真是賞心悅目。

在舊水泵站參觀展覽、觀看小孩堤防的歷史影片、參訪兩座風車博物館、以及乘坐遊船；除了參觀展覽外，其餘都須付費。有人只對風景有興趣，重點放在拍照打卡，有人則喜歡深入認識這座世界文化遺產的種種故事，可各取所需。我們選擇購買完整的參觀套票，不過這些票券皆可拆開購買，比如你若有騎單車，便單獨購買博物館門票即可。

漫步在這座風車村不會迷路，沿著中央步道一直往前走就可以了。因為園區頗大，不少人會在碼頭前的伴手禮

店租單車遊覽。我們的規劃是：首先參觀舊水泵站、觀看影片，再前往位於村莊三分之一段的第一座風車博物館；接著再走到三分之二段的第二座風車博物館。大部分旅客在觀看完兩座博物館後便回返，或是像我們一樣坐船回去，當然也有不少人繼續走到盡頭才折返。

老蒸汽泵站述說歷史

參觀的第一站，是由一座舊蒸汽動力泵站改建的。話說 18 世紀中期，歐洲開始發展工業革命，傳統風車漸漸式微；荷蘭跟隨時代的腳步，在 1868 年興建的 Wisboom 蒸汽動力泵站，大大地提升排水功能，隨後又在 1924 年改裝成電動泵。然而，這樣仍不足以應付變化多端的天氣，所以至今這裡仍持續增設先進的泵站設備，最新的一座，排水能力相當於 24 座風車的排水總量。

Wisboom 泵站退役後，成為免費展館，擔任起親善大使，介紹小孩堤防風車的歷史，以展板、模型來說明風車運作的原理以及排水的方式，見證當時的荷蘭是如何在廣闊的圩田中努力奮鬥。其中有一項體驗，旅客可以操控風車模型，體會在遇到不同風向、不同水量時該如何化解淹水的危機。至於觀看小孩堤防的影片，則是附近的另一座建築物，同樣是由舊泵站改建而成的。

全盛時期，荷蘭有 12,000 多座風車，但後來被蒸汽機與動力發電機取代，數量落至現在的兩千多座，而小孩堤防這裡保留了完整的風車和堤防。在 5 月的風車節時，全國風車都會掛上國旗一起轉動。

1-5 | 這幾幅圖屬於第一站，為舊蒸汽動力泵站改建而成的免費展館，主要介紹風車運作的原理以及排水方式，是正式參觀風車前重要的一課。

6 | 這是風車的結構圖，下方的藍色及黃色部分是負責排水的兩個水輪。另一座風車的水輪則安置於外部。

7 | 此為第二站，也是由舊泵站改建的，旅客可付費觀看小孩堤防歷史的影片。

8 | 遊船分為隨上隨下與一次性的兩種。在船上可用另一個角度欣賞小孩堤防的景致，不可錯過。

為何會有「19」座風車？

途中，我曾想過，19 座風車的數字是怎麼來的？是這裡的最高紀錄嗎？還是曾經超過 19 座，但已隨著歲月流逝而拆掉了呢？這個疑問，後來我在現場找到了答案。

事實上，這一帶最早於 14 世紀末便開始興建風車，真實數目無法得知，只知道那些風車已不復存在，只剩下 1630 年建好的那一座，也就是我們可以參觀的第二座風車博物館。而人們一直稱說的這 19 座風車總數，是直到一百年後才有的事。第一批的 8 座建於 1738 年，兩年後的 1740 年，第二批的 8 座以及位於外圍的 3 座獨立風車，也陸續落成；可惜，那 3 座風車的其中一座已經損毀。也就是說，小孩堤防現存的 19 座風車數量，是由「1 座（1630 年）＋

9 | 小孩堤防的步道很簡單，一直直線散步即可。圖右是行人步道，圖左為單車路。單車路左方長草處，其實是一條遊船行駛的運河。另外，步道左右分別有高沙洲風車與低沙洲風車各 8 座。在高沙洲區更遠處（鏡頭以外）還有 3 座，不過其中一座已損毀。

10 | 本圖中全都是木造、八角柱狀的高沙洲風車，建於 1740 年。由近至遠是高沙洲 4 號至 8 號。一般旅客只可遠觀，無法前往對岸下船近賞。順帶一提，小孩堤防的第三座風車博物館在此書出版之際已經開幕，正是眼前的 4 號風車。

在碧綠草叢、鮮豔野花的襯托下，
一座座風車坐落其間。

18座（1738年及1740年）」得來的，並非在同一個年代建成。

　　第一批與第二批風車扮演著不同的角色，以兩階段的方式把水排出去。第一批風車位於低沙洲（Nederwaard），所以它們稱為「低沙洲風車1-8號」，是石造圓柱體建築，在人行步道的右手邊（東岸）；第二批風車位於高沙洲（Overwaard），是木造、呈八角形的柱狀建築，稱為「高沙洲風車1-8號」，位於左手邊較遠的位置（西岸，中間相距一條運河）。

　　為何需要分兩階段？因為這一帶無法一次把低窪地的水抽到高度差異太大的閘門，於是得分兩次抽取。低沙洲風車1-8號負責把圩田的水抽到另一邊，高沙洲風車1-8號再將水抽到更遠的地方，等到海平面比較低或逢退潮時分，才會打開閘門，把水排到高沙洲外面的萊克河。

1 │ 由鹿特丹坐船到此下船。
2 │ 小孩堤防購票中心。
3 │ 舊泵站改建成的免費展館。
4 │ 觀看電影的地方。
5 │ 步道及單車路。
6 │ 低沙洲1-8號風車，2號為第一座風車博物館。
7 │ 高沙洲1-8號風車。
8 │ 較遠位置的最後三座風車，其中一座已損毀。
9 │ 此處風車群的老大哥，比其他風車早一百年落成，目前為第二座風車博物館。

居民依靠小船來往低沙洲與高沙洲之間。

1 | 胡克家的全家福照片。　　2 | 第一座風車博物館全貌。　　3 | 在第三層，可以觀看到內部的結構。　　4 | 旅客沿著陡峭的樓梯上樓去。
5 | 第二層的居住環境。　　6 | 除了兩座開放的風車外，其他都有人居住，旅客不可貿然進入打擾。

第一座風車博物館是低沙洲風車 2 號，建於 1738 年。數百年來，到底曾經有多少個家庭在這裡居住過？胡克先生的家庭便是其中之一。離開時候，我特意凝視風車的大扇葉，想起胡克先生全家福照片，心情不禁茫然起來。

第一座風車博物館

　　第一座風車博物館「Museum Windmill Nederwaard」，從其名稱的「Nederwaard」便可知這是石造圓柱狀的低沙洲風車。風車內部可參觀的空間共有三層，胡克（Hoek）先生、其妻子及十三名兒女於 20 世紀初居住在此，內部就是以這家人的故事作為展示主題。包括他們的房間與客廳，用過的鍋碗瓢盆、用具、床鋪等等，一一重現了當時生活在風車內部的家庭情況。不過要注意風車內的樓梯相當陡峭，我還真的看到有人一個不留神跌下幾個階梯。走到頂

樓的空間，我們還可以看到風車扇葉轉動時運作的狀況。

二樓某角落裡掛有胡克的全家福照片。我看到他們全家人的笑容，再環視這個他們在百年前居住的環境，感覺很溫暖。照片附近有一段小字這麼寫道：1916 年某個早上，其中一名女兒驚險地差點被轉動中的大扇葉擊中，42 歲的胡克太太雖然在千鈞一髮之際挽救她寶貝的女兒，卻不幸賠上自己的生命，結果留下胡克先生獨力艱辛地照顧子女與家園。我特地望向那座大扇葉，轉動中的大扇葉不禁與胡克的全家福畫面重疊起來，實在令人感到悵然。

小孩堤防風車的主要維修工作於 2011 年完成，耗資 120 萬歐元，接著部分風車開始有人居住。這些風車都安裝了圍欄，掛上禁止進入的牌子；旅客無法走近，也不應想辦法靠近，避免打擾住戶寧靜的生活。居住在低沙洲風車的人比較方便，因為他們只需沿著步道出入即可；至於隔著一道運河、位於對岸的高沙洲風車的居民，便要坐小船來往兩岸；我們曾經目睹一名居民帶著一條大狗坐小船橫渡運河。風車居民本身都有自己的正職工作，不會像以往一樣，必須依靠風車來碾穀物、造粗鹽、製菸葉來維持生活。至於他們是屬於自有還是租用，便不得而知，不過我猜後者可能性較大。

第二座風車博物館

「Museum Windmill Blokweer」是第二座博物館，其外觀與其他風車完全不一樣，最初對它的印象是，結構複雜許多，應該花更多時間才能建好，而且造價昂貴。這座誕生於 1630 年的風車，可說是這裡的老大哥，比其他現存風車早了一百年左右。

眼前這座與眾不同的風車，其類型屬於「Hollow Post-Mills」，是荷蘭人於 15 世紀初發明的。從外觀可以看出，它明顯地分為上下兩部位，頂部為風車，底部為人的起居空間。頂部與底部之間有一根直立柱子，十分具有關鍵性。風起時，風車扇葉轉動，會透過頂部齒輪推動直立柱子；直立柱子在底部，又透過另一組齒輪，以驅動位在外面的大型水輪，以達成排水這個終極目的。這個大輪能將水捲

第二座風車博物館的外面就是住戶的庭園，有廚房、種植蔬菜、飼養家禽、放置各種工具及廁所等地方。

①

②

③

④

起至一公尺多。我在外面時，便看到翻斗掬水的場景。

　　旅客走進底部，除了觀看到當時的家居情況及屋內裝飾外，重點是可以隔著保護的玻璃窗觀看到這座風車的核心部分，也就是那根十分重要的直立柱子及底部齒輪等結構。還有，頂部及底部之間另有滾輪，因應風向的改變，頂部可以 360 度轉動。頂部與底部之間沒有樓梯，需要進入頂部工作的人，必須依靠外面的一道斜木梯子。一般旅客自然不能登上去，只能依靠風車結構圖來想像一下頂部的畫面。

　　也許因為年代太久遠，無法找到真實個案，因此此館以模擬的方式展示一個生活於 17 世紀的一家五口的日常樣貌，以便參觀者了解。風車底部是他們的居所，從擺設和家具來看，這家人較為富裕；比較特別的是，有一座特別的大衣櫃，下面有放置衣物的幾個抽屜，而上面用作懸掛

1-2 ｜ 這小屋子是夏天才使用的廚房。
3 ｜ 即使是嚴寒的冬天，也要走出室內，來到這個小小的廁所解決需求。
4 ｜ 這是包含睡床的大衣櫃，白色方格就是嬰兒床。

大件衣物的空間，卻變成兩名小孩子睡覺的地方！原來這是一座「包含睡床的大衣櫃」。那麼，小嬰兒睡在哪兒？仔細一看，在裡面的角落處穩固地懸掛一張小小的嬰兒床，真是好一個善用空間的想法啊！

　　屋外的空間就是這家人的庭園，有廚房、種植蔬菜、飼養家禽、放置各種工具及廁所等地方。由於冬天非常寒冷，這些戶外空間只會在夏天使用──除了廁所以外。廁所是一間獨立的小小房子，打開門，我們見到裡面只有讓人如廁的窄小空間。無論多麼嚴寒，當時的人都一定要離開溫暖的室內，走到這個沒有任何暖氣的冰冷廁所內解決。

1-2 | 我們在屋內可以隔著玻璃窗及透過螢幕，觀看內部直立柱子及底部齒輪等風車結構。

3 | 風車全貌，上面是風車，下面是居所。排水的大輪子（白色方格）就在外面。

上面的風車可以 360 度轉動，若要上去工作，須從外面的斜梯子上去。
這座看起來結構更為複雜的風車，令人好奇它的建造過程。上面的風車及下面的居所是否各自獨立完成後才組合起來呢？可惜現場找不到答案。希望日後有機會摸清楚建造這座風車的奧妙之處。

隨時走在海平面以下

一開始有提到，荷蘭這個國家大部分的土地都低於海平面以下，最低點甚至來到七公尺這麼深。不過說實話，一般人其實無法理解「自己原來身處在一個低於海平面這麼多的地方」是怎麼回事，而且走在低於海平面的地方、或高於海平面的地方，感覺也沒有什麼差別。不過，如果沿路上都有一把尺來提醒我們的話……

就在這裡的運河，我們發現有一支插進河底的直立尺規，本來以為是專門用來量度水位用的，結果走近一看，一驚——

這把尺規的刻度提供了我們此時位於海平面何處的答案——「2M」！而且不要搞錯，這是指「海平面下的兩公尺」啊！若依照這把尺的標準，我必須再墊高一點，頭頂的高度才有可能頂到「海平面」。

至於尺規的最高點為「海平面上的四公尺」，就在海平面上的三公尺高一點處，有一個紅色標示。顯而易見，此標示肯定象徵著「一件極其慘烈的悲劇」——原來是發生在七十年前的「1953 年北海大洪水」（1953 North Sea Flood）。眼前這個標示，記錄了當時的水位上升至五公尺之多，實在驚人。根據歷史記載，洪水確切的發生時段是1953 年 1 月 31 日晚上至 2 月 1 日早上，嚴重地衝擊北海沿

岸的荷蘭、比利時及英國等國，總共造成 2,551 人死亡，而荷蘭傷亡最慘烈，高達 1,800 多人罹難。

災後，荷蘭致力加強原本就在進行中的三角洲工程（Deltawerken），這是一個被喻為全世界至今最大型的防洪計畫。整個計畫分有多個部分，其中須德海工程（Zuiderzee Works）被美國土木工程師學會評選為世界七大工程奇蹟之一。而須德海工程最重要的一部分，就是前文提及的、世界最長的阿夫魯戴克攔海大壩。

INFORMATION ─────────────

小孩堤防：www.kinderdijk.nl

NOTE

第二座風車博物館的直立尺規。
1 ｜海平面下的二公尺（正常水位）。
2 ｜海平面下的一公尺。
3 ｜海平面。
4 ｜海平面上的一公尺。
5 ｜海平面上的二公尺。
6 ｜海平面上的三公尺。
7 ｜海平面上的四公尺。
8 ｜1953 年北海大洪水的水位。

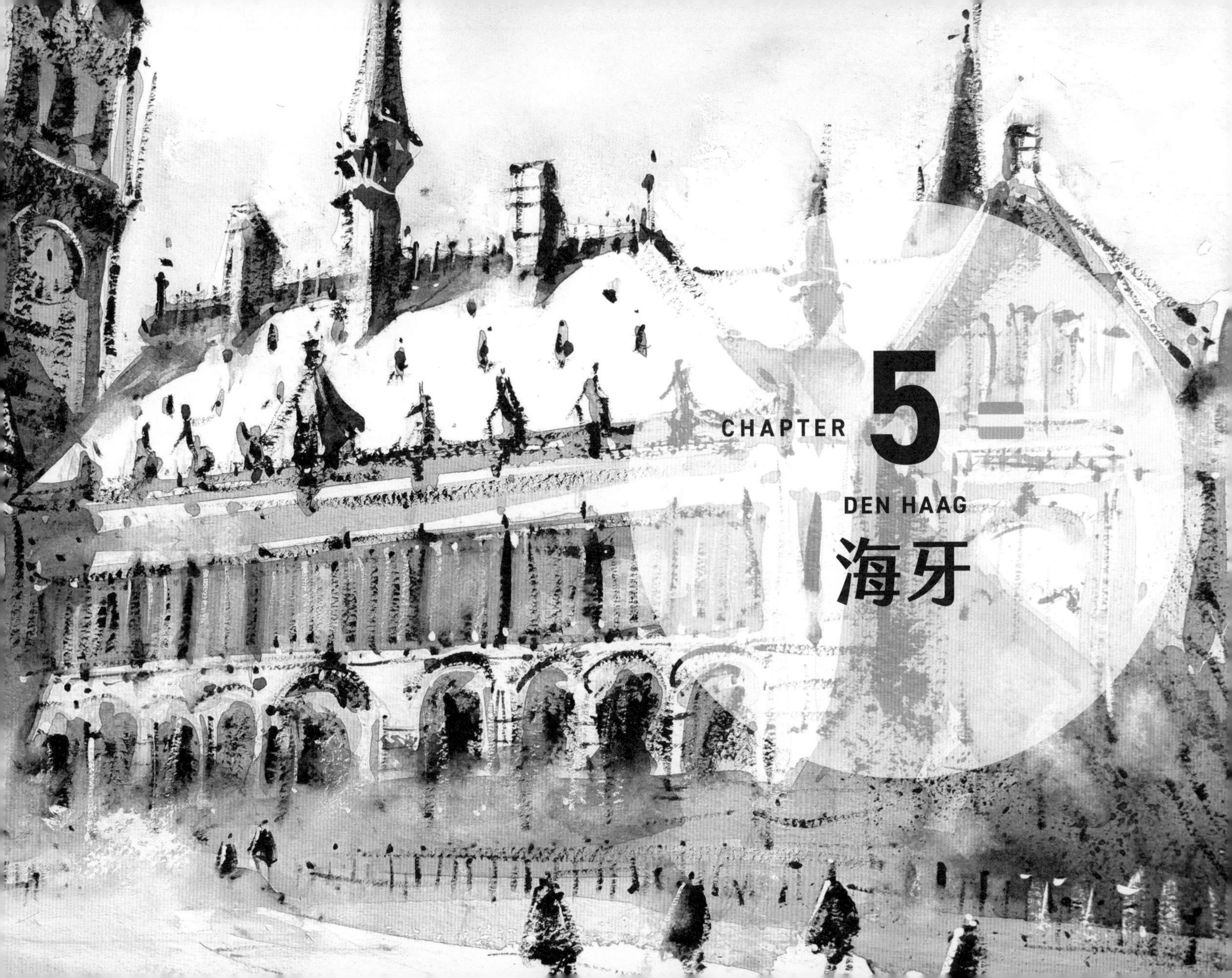

CHAPTER 5

DEN HAAG 海牙

DEN HAAG

漫遊皇家之都與世界重心
海牙

海牙——日常中最常聽到這地名的情況，就是在國際新聞上。每當國與國之間有糾紛要判決，位於海牙的幾個國際組織便常常上新聞。

擁有「皇家之都」（Royal city）之雅稱的海牙（Den Haag），並不是荷蘭的首都，卻是荷蘭的政治核心。不只有國王及主要皇室成員定居在此，內閣、國會與最高法院等重要政府機構，以及各國大使館、各大國際組織如國際法院、國際刑事法院等，也都雲集於此。

在國際政治上如此重要的海牙，從鹿特丹出發，地鐵只需不到三十分鐘。

國會議事堂中央的騎士廳，外觀像教堂，實際上是荷蘭最重要的儀式進行地，比如一年一度的王子日，國王會在此向全國人民宣讀國情咨文。

連結荷蘭三大城的交通方式

超過一百萬人口的海牙，是繼阿姆斯特丹及鹿特丹之後的荷蘭第三大城市。前往此地的交通，海牙與台夫特是同一個方向，都位於鹿特丹市區的西北方。以距離來說，會先抵達台夫特，之後才會來到與海為伴的海牙。所以，有些喜歡濃縮行程的旅客，會選擇在同一天內遊覽兩地，而喜歡放慢腳步的我們則分為兩天參訪。

第一種交通方式是坐火車，台夫特火車站只有一個，稱為「Delft」；而面積較大的海牙，便有名稱接近的 Den Haag Moerwijk、Den Haag HS、Den Haag Centraal，最靠近市區景點的是 Den Haag Centraal，也是該市的最後一

站。另一種交通方式是坐 RET 地鐵，總共五條路線覆蓋鹿特丹—海牙大都市區（Rotterdam-The Hague metropolitan area）的大城小鎮。旅客可在鹿特丹中央火車站坐到地鐵 E 線，此線終站就是 Den Haag Centraal。應留意的是，地鐵和火車是完全不同的路線，地鐵並沒有經過台夫特。

無論是火車或地鐵，從鹿特丹前往海牙的班次很多，而且車程都在半小時之內，也不需預先購票。如此說來，想在台夫特及海牙一日遊的旅客，便有不同的交通選擇：若想同時體驗地鐵及火車的話，便可以先坐地鐵去海牙，再搭火車去台夫特，最後坐火車返回鹿特丹。補充一提，海牙與台夫特之間也可以坐路面電車。

另外，從阿姆斯特丹去海牙也很快，最快的 Intercity 列車只需五十分鐘左右，較慢的也只需七十分鐘。

隨身一張交通日票展開旅程

Den Haag Centraal 是海牙最主要的火車站，地鐵月台在上層戶外一區。

這天的行程大致分為三區，分別是：市區核心範圍、國際法院坐落的和平宮、擁有超長海灘的席凡寧根。串連三點之間，我們依靠的是路面電車，於是先在火車站買一張可任搭電車及巴士的 HTM 一日票，價錢 7 至 8 歐元。另外也有兩小時票及兩日票。

最後要說，途中我曾經見到旅客手持現鈔想向電車司機購票（因為上車地點沒有自動售票機），但司機並不負責售票。結果這名無法購票的旅客只好無奈地留在原地，望著電車離開……所以買張一日票真的很重要啊！▤

INFORMATION ────────────────

海牙觀光局：www.denhaag.com

1 | 來往鹿特丹與海牙的地鐵。注意，地鐵不經台夫特。　　2 | 約半小時，地鐵便可抵達海牙中央火車站。
3 | 遊覽海牙市內，搭乘路面電車就可以了，很方便。　　4 | 買張一日票，便可輕鬆展開旅程。

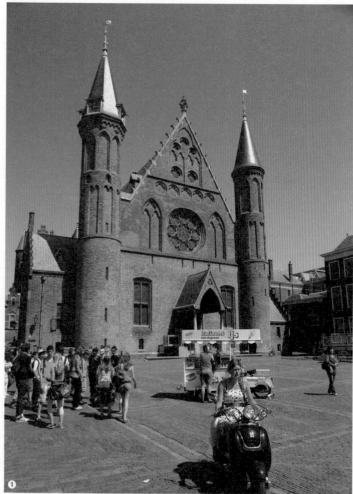

1 | 騎士廳。
2 | 在莫瑞泰斯皇家美術館，又見到荷蘭國寶級大師的名作。
3 | 諾代恩德宮，是國王辦公的地方。
4 | 旅程最後一站，我們來到海牙海邊。

國際法院坐落於和平宮。

國王乘黃金馬車來此施政
海牙國會議事堂

整個海牙分為八大區域，海牙中央火車站與市區核心範圍，都屬於 Centrum 區。建築物的落成時期，從中世紀到現代都有。精華景點主要是霍費弗湖、國會議事堂、莫瑞泰斯皇家美術館，以及諾代恩德宮（即所謂皇宮，是國王工作的地方）。從火車站步行過去，只要十多分鐘，坐電車也只有幾站，所以這些景點通常成為旅客第一時間會去的地方。

本圖正前方是莫瑞泰斯皇家美術館，與國會議事堂相鄰。

成就海牙經典景觀的霍費弗湖

　　呈長方形的霍費弗湖（Hofvijver），一旁由國會議事堂、莫瑞泰斯皇家美術館所填滿，組成很有氣勢的布局，是海牙最美的經典景色，人們只要來到湖邊，一定會在國會議事堂對面觀賞及拍照，我不禁想，如果沒有霍費弗湖的話，這片招牌景色必定大為失色。這座湖本身是人造湖泊。早在 13 世紀，有人偶然挖掘出一處天然水源，逐漸開發成小湖。後來，國會議事堂的所在地及小湖由弗洛里斯四世伯爵（Floris IV）購入，這一帶漸漸擴展起來，伯爵宅邸及周邊建築於一百多年後成為各大政府機構，而霍費弗湖也發展成如今見到的規模。

舉國矚目的騎士廳

　　國會議事堂（Binnenhof，意為內庭〔Inner Court〕）的中庭空地開放公眾進入，主要分為前後兩個入口，我們是繞過來從前方進入的。這裡實際上是一座古老的綜合建築群，在中庭空地可環視的建築物，就是國會大樓、總理辦公室、政府各大重要部門。

　　在眾多政府建築物中，最受矚目的是 13 世紀完工、擁有教堂外觀的騎士廳（Ridderzaal，字面意思為 Knight's Hall）。它坐落於中央，前方可以見到一座鍍金的新哥德式噴泉閃耀著，上方有國王威廉二世的雕像（William II）與騎士廳對望。騎士廳初始的用途我無法知悉，到了 17 世紀初，它成為書商的交易地，接著變成市場廳、公共檔案局、醫院病房，甚至是國家彩票辦公室。就在 1904 年大規模重修後，它的用途變得非常重要——舉凡宣布荷蘭最重大的事情，或進行重要儀式，例如對荷蘭人來說最重要的政治活動「王子日」，都會在此舉行。再推遠一點，1949 年與印尼簽署的圓桌會議協定（Dutch-Indonesian Round Table Conference）也是在此召開，印尼自此正式獨立。

1｜海牙市區的經典景色，主要有兩個方向，此乃以國會議事堂為主的構圖。
2｜另一方向是以莫瑞泰斯皇家美術館為主的構圖，這應該是最多人稱讚的，旅遊局也在此安置看板，供旅客拍照留念。
3｜美術館門口掛有兩大國寶級畫家的作品展板，都是鎮館之寶。有覺得眼熟嗎？

呈長方形的霍費弗湖，與一旁華麗建物組成很有氣勢的布局，這就是海牙最美的經典景色。
海牙觀光局的宣傳照片以及伴手禮店買到的明信片，大多取自這個角度。

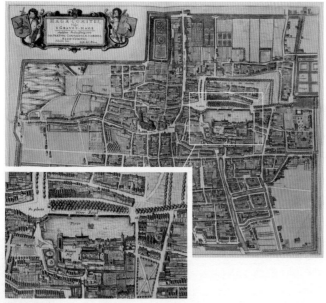

兩幅古老的海牙圖描述了數百年前的國會議事堂與霍費弗湖的面貌，當時人們還可以在湖上划船遊玩。

發表國情咨文的王子日

每年 9 月的第三個星期二，海牙比平常更熱鬧、更擁擠，充滿了激情的人潮，因為這天就是一年一度的「王子日」（Prinsjesdag）。這一天，電視台會實況轉播，各大媒體會大幅報導，甚至定居荷蘭的外國人或多或少都很重視，因為這天就是國王要發表國情咨文的日子，向全國報告內閣政府明年的施政計畫，這關係著每一位荷蘭人的命運。此外，這天也會公布下一年度的財政預算，以及國會的開議日（Opening van de Staten-Generaal）。

這一天也是國王、王后及其他皇室成員展現皇家氣勢的盛大場合，市民能夠欣賞到金碧輝煌的陣仗與女士們爭奇鬥豔的帽子。按照傳統，全天的過程大致分為三部分。首先，國王、王后於下午 1 點整從皇宮出發，乘坐著名的黃金馬車（De Gouden Koets）前往國會議事堂，沿途接受市民大聲歡呼，大人孩子都會熱烈地唱起國歌。

然後，國王在騎士廳宣讀國情咨文（Troonrede），向全國民眾宣讀由內閣制定的明年度施政大綱。宣讀這個環節，也稱為「王座演說」（Speech from the Throne）。應邀出席的國會議員、重要政府機構代表以及各國大使，都會盛裝打扮。最後，國王、王后乘坐馬車返回皇宮，在陽台上向民眾揮手致意，稱為「Balkonscène」，為王子日畫上

騎士廳內部。每年的王子日，國王在此宣讀國情咨文，全體國會議員及主要政府官員均會出席。

美麗的句號。

　　至於財政部分，財政部長在國情咨文宣讀後，便會拿著裝有財政預算案的木製手提箱（Het Koffertje），抵達第二議院公布（雖然預算書內容早已「外洩」，媒體也已公告周知），之後第二議院就會針對預算案展開各種討論。

王子日是指哪一位「王子」？

　　王子日，一開始不是 9 月的第三個星期二舉行，也與國情咨文、國家財政預算案無關。其實正如其名，單純是為了慶祝小王子的出世。第一次是為了慶祝 1748 年 3 月 8 月出生的威廉五世（William V），他是國王威廉四世唯一的兒子，後來成為最後一位聯省共和國執政。

　　隨著時代演進，1814 年的王子日定為 5 月 2 日，並且

1 │ 1600 年建成的執政門，是國會議事堂的正門，穿過此門便會進入中庭廣場。

2 │ 國會議事堂廣場，這座中庭平日是開放公眾參觀的。

在海牙的遊客區，經常見到這種白色流動冰淇淋車。整輛車裝飾得很優雅，我忍不住也買了一份冰淇淋來品嚐。

由國王（女王）於當天在國會宣讀國情咨文。1848 年之後，國情咨文實際上是由內閣決定的，並且在王子日增加公布財政預算案這一流程。之後，王子日的日期又幾經改動，最後在 1887 年修憲時，確定為 9 月的第三個星期二。其中的考慮因素，是為了讓分散各地的國會議員，能夠在星期

一出發前往海牙（那個年代的交通時間當然需要更長），然後第二天一起出席各項儀式及活動。

前文提到的諾代恩德宮（Noordeinde Palace），即所謂的皇宮，是國王的辦公宮殿，其位置就在國會議事堂附近，步行約十多分鐘。皇宮不開放公眾參觀，所以旅客也只能在外面觀望一下。我們參訪的當天，皇宮沒有升起國旗，就知道國王本人不在宮內，相反，如果國旗升起，便代表他在宮中。皇宮本是一座普通農舍，於 16 世紀時被改建成宮殿，直至 20 世紀末才被皇室用作辦公用途。

至於黃金馬車，是阿姆斯特丹市於 1898 年贈予威廉明娜女王（Wilhelmina）的禮物。從 1903 年起，每年的王子日，黃金馬車都擔任國王、王后最尊貴的代步工具，一百多年來，這輛金燦奪目的馬車早已成為荷蘭皇室的歷史見證者，例如它也參與過現任國王和王后於 2002 年舉辦的世紀婚禮。時至今日，許多人依然為了一睹皇家馬車的風采，在王子日都會預先搶占視野極佳的位置。

從君主統治走向議會民主的兩百年

最後特別要說的是，海牙曾於 2014 年 3 月 29 日盛大舉行慶祝活動，其熱鬧程度更勝王子日，只因這天是王國憲法自 1814 年頒布以來的兩百週年。當天，現任國王威

廉・亞歷山大（Willem-Alexander）及馬克西瑪王后（Queen Máxima）當然也是乘坐黃金馬車出席慶祝活動。無論在市內或海邊，均舉行很多節目，而且皇宮、首相官邸、部長會議廳、和平宮、眾議院和騎士廳等等，都對外開放，讓民眾入內參觀。

我之所以重溫這段新聞，便是想知道荷蘭一路走來的歷程：這個風車之國是如何從共和國變成君主國，再演變為議會民主制的國家。這兩百年肯定歷經風霜與波折，但唯有如此，今日的人民也才能幸福地享有愈來愈多的自由，來表達自己的心聲與想法。■

皇宮就在人來人往的熱鬧大街上，但不開放民眾參觀，旅客只能在外面觀望。這天皇宮沒有升起國旗，國王去哪兒了呢？

光影大師最後的光彩
莫瑞泰斯皇家美術館 Part 1

據說某些初次到訪海牙的旅客的主要目的地，其實是為了參觀莫瑞泰斯皇家美術館（Mauritshuis）。我也十分期待這座美術館，想要再度欣賞到著名的光影大師林布蘭、筆觸細膩的維梅爾、還有巴洛克藝術大師魯本斯（Peter Paul Rubens）、荷蘭著名風俗畫家揚‧斯特恩（Jan Steen）等大家的名作。為了好好欣賞這裡每一幅動人心弦的畫作、盡情沉醉在繪畫的美好裡，所以一踏足海牙市區，第一時間要去的地方就是這裡！

到美術館上一堂最精華的藝術史

提到荷蘭最知名的幾家美術館，除了已造訪的荷蘭國家博物館與梵谷博物館，海牙國會議事堂旁邊的莫瑞泰斯皇家美術館也是其中之一。我想若要上一堂荷蘭最精華的藝術史，這三座美術館絕對缺一不可。

莫瑞泰斯皇家美術館本身是一座對稱的典雅建築，立面有三角門楣，柱子上還有精緻的雕飾，以古典主義融合希臘、羅馬的設計風格，由荷蘭知名建築師雅各‧范‧卡彭（Jacob van Campen）與其夥伴波斯特共同設計，水壩廣場的阿姆斯特丹皇宮也是出自其手筆。值得一提的是，美術館前後各有立面，後立面是面向湖泊，與國會議事堂組成海牙的經典景色。

這座建築落成於 1644 年，本是親王約翰‧莫瑞泰斯（Johan Maurits）的華麗宅邸，地上兩層共有四個房間和一個大廳，每個房間各有前廳、客廳與衣帽間，處處流露精緻考究的布局。地下另有一層，目前是展館的主要出入口。

美術館旁邊的棕色建築物也是展覽空間，兩邊在地下一樓可互通。

正立面三角門楣的特寫。

起初，此建築物還有一座圓頂閣，不幸毀於 1704 年火災，現在看到的是重修後的模樣。到了 1820 年，由國家收購，用於收藏皇家藝術品。也因為如此，這座美術館以「Maurits」來命名，加上「house」為意的「huis」字尾，成為「Mauritshuis」。目前美術館主色為米黃色，再加上箱型外觀與擁有皇室收藏的魅力，因此不少人喜歡暱稱它為「首飾盒」——所謂首飾，當然是指與價值連城的首飾沒有分別的藝術巨作。

1 ｜美術館前後各有立面，此為正立面，出入口就在地下一樓。
2 ｜美術館背立面配上湖泊及國會議事堂，組成海牙經典景色。

NOTE

《拿著蠟燭的老婦人與小男孩》
（*Old Woman and Boy with Candles*）
- 畫家：魯本斯
- 年分：1617 年
- 材質尺寸：油彩畫布，79×64cm

身為 17 世紀西歐繪畫大師的魯本斯，有著濃厚的巴洛克風格，強調運動、顏色和感官。本畫從 2005 年開始成為莫瑞泰斯皇家美術館永久的收藏品之一。
畫中的老婦人拿著一根燃燒的蠟燭，一旁的男孩子正要點燃自己的蠟燭。他那鮮紅的臉龐與老婦人的蠟黃、皺著的臉形成鮮明對比。魯本斯精心描繪了她眼睛下面的半透明皮膚。燭光被老婦人的手遮住一部分，突出了她臉上的皺紋，營造濃濃的動人氣氛。

NOTE

《老人唱起歌時，年輕人就會隨之吹奏》
（*As the Old Sing, So Pipe the Young*）
- 畫家：揚·斯特恩
- 年分：約 1668-1670 年
- 材質尺寸：油彩畫布，134×163cm

揚·斯特恩是黃金時代知名的風俗畫家，當歐洲地區還在以王公貴族或《聖經》故事作為主題時，荷蘭畫家已將焦點轉移到庶民生活。此畫名稱是一句荷蘭古老的諺語，意思是「有樣學樣」。比如畫中舉起酒杯的女性穿著暴露，坐姿隨意，另一邊老人在唱歌，仔細一看，右邊的男子拿著菸斗逗小孩（見下方小圖）……
事實上，「教化」才是揚·斯特恩畫作的主題。此畫想表達的是，孩子會跟著大人有樣學樣，如果大人不注意言行，下一代會跟著學。有趣的是，拿著菸斗的男子正是畫家本人。他認為自己就是一個不守規矩的人，平常的生活十分隨意，只想追求快樂，所以其作品多數採用別出心裁的方式去傳達訊息。

1 | 昔日親王的宅邸成為皇家美術館，內部處處流露布局的精緻考究。
2 | 參觀時，記得在手機安裝免費的導覽 APP，才知道更多畫作的故事。
3 | 人們正在觀賞維梅爾的《台夫特一景》。

維梅爾眼中的故鄉之美

　　維梅爾對光影、色彩及整體畫作布局的細膩處理，加上獨到的繪畫技巧，使其作品長久以來震撼人心。不過他存世的作品不多，不到四十幅，荷蘭國家博物館擁有四幅，而此館則有三幅。前者收藏的維氏作品，最大的焦點落在《倒牛奶的女僕》，而《戴珍珠耳環的少女》則是莫瑞泰斯皇家美術館的鎮館名作之最。關於此畫的故事，後文再提。

　　至於第二幅是《台夫特一景》（Gezicht op Delft / View of Delft）。維梅爾大多繪製室內人物，但眾所周知，其室外畫也很精彩，甚稱完完全全地重現室內畫的氛圍，因此那存世的少量室外畫才極為珍貴。走訪荷蘭國家博物館可欣賞到《小街》，而此館則可看到《台夫特一景》，兩幅畫同樣描繪台夫特的日常生活。我個人喜歡《台夫特一景》多於《小街》。

　　在這幅風景畫裡，我看到粉嫩的雲彩與藍天，搭配三分法構圖與作為前景的行人，充分展示這座小鎮的平和悠閒。繪畫的方向是由東南邊望向西北邊，東邊的大門是台夫特現在碩果僅存的老城門。

　　最後一幅維氏作品為《黛安娜和她的同伴》（Diana and Her Nymphs）。他在創作生涯早期，也曾畫過一些描繪

《聖經》或神話的場景，此畫
就是其中之一。雖然此畫不如
他其他作品那樣撼動人心，但
平和寧靜的場景仍保有幾許他
獨有的創作氛圍。

《台夫特一景》
（*Gezicht op Delft / View of Delft*）
· 畫家：維梅爾
· 年分：約 1660-1661 年
· 材質尺寸：油彩畫布，98×118cm

維梅爾以細膩的手法見稱，利用光、影、
天空、雨與水面的搭配，描繪出台夫特
一隅的寧靜之美。

林布蘭讓群像畫動了起來

林布蘭的《杜爾博士的解剖學課》（*The Anatomy Lesson of Dr Nicolaes Tulp*），自然也是本館的鎮館之寶。這幅大型畫作是他 26 歲時的成名之作。當時他應阿姆斯特丹外科醫生行會的委託，為該會成員繪製這幅團體畫。畫中的人物全都真實存在，而執刀人（主角）就是著名的杜爾博士。

畫作的構圖最為經典，一群醫生以不同的姿態角度聚精會神地觀看杜爾博士的解剖示範，各人的表情與姿態都活靈活現，展示了林氏描繪群體畫像的特徵：動感、活潑。

這種帶有特殊場景的「群像畫」成為荷蘭繪畫史上的重要里程碑，而林氏就是開創此繪畫風格的先驅。《經濟學人》（*The Economist*）曾以此畫進行二次創作，該期主題為「Reviving the World Economy」（2011 年 8 月 11 日出版），因此內容便讓杜爾博士改持心臟去顫器進行急救，並大聲叫道：「Stand back, I am a central banker.」

我猜想，此畫與林布蘭的《夜巡》一樣，畫中每位真實的人物均有付款給林氏（唯一沒付錢的當然是那具被解剖的大體）。每個人到底要付多少錢？應該是各有不同，而主角的杜爾博士占據畫中最主要的位置，自然是付錢最多的人吧！

說到杜爾博士，據說他是位當代奇人。他是阿姆斯特丹黃金時代的名醫，功成名就後，覺得原有的名字太普通，又適逢當時人們在炒作鬱金香（荷蘭文的鬱金香為「Tulp」），就在原有名字的「Nicolaes」之後加上「Tulp」，成為「Dr Nicolaes Tulp」。他又自認為身為德高望重的解剖學醫生，肩負傳承學問的重大任務，於是每年定期公開展示解剖，而畫中被解剖的，就是當時一名被處決的盜賊遺體。

> **NOTE**
>
> **《杜爾博士的解剖學課》**
> **(*The Anatomy Lesson of Dr Nicolaes Tulp*)**
> • 畫家：林布蘭
> • 年分：1632 年
> • 材質尺寸：油彩畫布，170×216cm

以自畫像寫傳的林布蘭

　　視線離開《杜爾博士的解剖學課》後，再聚焦其他林布蘭的畫作，包括《大衛與掃羅王》（Saul and David）、《西蒙的讚美之歌》（Simeon's Song of Praise），以及人物畫像與自畫像等多幅作品。當中 1669 年完成的《自畫像》（Self-Portrait），相對於其他自畫像，擁有更多一層特殊的觀賞意義。因為此畫完成的那年秋天，他便離世，享年 63 歲。

　　此畫自然是他最年邁的一張自畫像，也是最後一幅自畫像。在他的一生中有 60 幅自畫像，像他這樣貫徹於描繪自己的畫家在繪畫史上並不多，有人認為：「長年累積下來的人生各階段自畫像，就像畫家為自己畫的一部『傳記』。」

　　綜觀林氏所有的自畫像，有些我們會見到彷彿獲得人生勝利的得意面貌，也會見到彷彿跌落人生低谷的落魄容顏。事實上，他的生平事蹟被記下來的並不多，也許拜自畫像之賜，我們才能透過各階段的自畫像，多多少少窺見這位偉大藝術家的心路歷程。

　　我站在這幅林布蘭最後的自畫像前，凝視著那強烈的筆觸和眼神，有一種深刻的感覺：自己好像被一雙年邁的眼睛盯著，覺得自己被畫中人物的瞳孔強力地吸進一個未知的世界……

　　我開始想：林布蘭的這雙眼睛到底正在看著什麼呢？因為這是自畫像，畫家是站在鏡前，望著鏡中的自己，然後繪入畫布，他的眼睛必定能看見自己視線深處所隱藏的內涵。那一刻的眼睛預知了自己逐漸迫近的生命終點了嗎？不，我沒有看到，也沒有感覺到。世人無法知道答案，但這雙散發出林布蘭為著那個什麼目標而擁有堅定不移的信念之光彩，卻實實在在地在我心底留下烙印！▬

INFORMATION ─────────────────

莫瑞泰斯皇家美術館：www.mauritshuis.nl

NOTE

《自畫像》（**Self-Portrait**）
- 畫家：林布蘭
- 年分：1669 年
- 材質尺寸：油彩畫布，65.4×60.2cm

DEN HAAG

謎樣的《戴珍珠耳環的少女》
莫瑞泰斯皇家美術館 Part 2

多少人遠道而來，都是為了一睹《戴珍珠耳環的少女》。

莫瑞泰斯皇家美術館的鎮館名作有好幾幅，各自擁有大批愛好者，不過要說到特別多人爭相討論或研究的畫作，那就非如謎一般的維梅爾《戴珍珠耳環的少女》（*Girl with a Pearl Earring*）莫屬。

《戴珍珠耳環的少女》的那位少女側身回首、欲言又止、似笑還嗔的凝望……長久以來許多人都把此畫與達文西的《蒙娜麗莎》放在一起談論。兩幅畫作的構圖同樣以簡單取勝，畫中女子也各自展現出與眾不同的迷人微笑，而且她們的真實身分都是千古之謎。這次我能親眼

目睹這位戴珍珠耳環的謎樣少女的風采，感受維梅爾筆下動人的光影，總算是一償宿願。

被兩筆顏料畫出來的永恆之珠

此畫完成於 1665 年，與《蒙娜麗莎》一樣，也是一幅小小的油畫，比八開紙大不了多少。事實上早期的維氏作品比較大，1656 年以後，他才開始轉向繪畫較小規模的室內場景。維梅爾在這幅畫中採用接近全黑的背景，因而造就相當強的立體效果。謎樣少女側著身，轉頭向我們（或稱面向維梅爾比較正確）凝望，雙唇微微開啟，彷彿在訴說什麼。她身穿一件樸實無華的棕色外衣，白色的衣領、藍色的頭巾和垂下的檸檬色頭巾布，皆形成鮮明的色彩對比。

明亮又大顆的珍珠耳環，是整幅畫作的點睛之筆。但維梅爾僅用了兩筆白色顏料就勾勒出珍珠的晶瑩。

1 | 第一筆厚厚地點出珍珠頂部。
2 | 第二筆畫在珍珠底部。
3 | 珍珠其他部分並沒有畫上任何東西，即頸部的顏色就是珍珠的底色。

> **NOTE**
>
> 《戴珍珠耳環的少女》
> (*Girl with a Pearl Earring*)
> • 畫家：維梅爾
> • 年分：1665 年
> • 材質尺寸：油彩畫布，43×39cm

站在一角，彷彿隨時可以與少女迷人的雙眼對上，聆聽她訴說的聲音。

在維梅爾那個時代，象徵純潔的珍珠是風靡一時的珠寶。維梅爾畫了一顆可說是藝術史上「最著名的珍珠」，也就是《戴珍珠耳環的少女》的那顆珍珠。此畫的矚目點之一，毫無疑問的就是謎樣少女左耳佩戴的珍珠耳環，在其頸部的陰影裡似隱似現，成為整幅畫的點睛之筆。

我觀賞真跡前，便已閱讀過關於這顆珍珠的畫法，所以來到現場便特別凝神觀看這顆維梅爾僅用了兩筆白色顏料就勾勒出的珍珠。那兩筆就是：一筆畫在底部以反映出衣領，另一筆則厚厚地點出頂部。仔細再看，少女頸部的顏色就是珍珠的底色：珍珠的一部分「反映」了少女的膚色，但實際上那裡並沒有畫上任何東西。真的，除了那兩筆不同層次的白色顏料外，就什麼也沒有畫了，連銀鉤都沒有。觀看到此，這顆似有若無的珍珠，竟能久久在我心裡留下不少的衝擊和迴盪。

維梅爾與珍珠，其實有著千絲萬縷的關係，又或者珍珠就是他在作品中最常用來投射自己感情的東西。在目前已知的 36 幅維梅爾的畫作中，就有 18 幅出現珍珠。他畫珍珠的頻率之高，藝術學者們都一致認同「維梅爾對珍珠十分癡迷」的說法。

謎樣少女回眸看的是誰？

關於謎樣少女的服飾，值得深入多說一點。白色衣領及藍色頭巾，其實是當時勞動者的普遍裝扮。絲毫沒有上妝（從極淡的眉毛可看出）的面容，也顯示了她不是來自於有能力聘請畫家的富裕家世。綜合這些線索，可以推斷出那副珍珠耳環，很有可能並不是她的，也因此有人猜想她其實是一位女傭。

剛剛提到，謎樣少女側著身，轉頭向我們凝望。說到底，這只是一廂情願的想法，當時維氏真的在繪畫她回眸的那一刻嗎？還是……也許永遠找不到答案，才是欣賞此畫迷人的地方。

雖然這位少女為這幅畫坐了下來、擺了個姿勢，但並不代表這就是一幅肖像畫。畫中顯示的特徵太少了：沒有痣、疤痕或雀斑。其實此畫是一幅「Tronie」（當時流行的人像畫）。在維梅爾那個年代，對於某些類型人物的類似習作就稱為「Tronie」。

另外，維氏常用昂貴的繪畫材料，因為他針對的是較高檔次的藝術市場。話說當時由於顏料取得不易，畫家都是自己研磨顏料，藍色的衣物在藝術史中往往是聖母瑪利亞的高貴象徵。此畫的頭巾所使用的並非較低價的靛青（Indigo）或普魯士藍（Prussian），而是源於純青金石（Pure Lapis Lazuli）的頂級群青藍（Ultramarine）。這種顏料顯色深沉而透明，性質安定，自然要價不斐。而黃色、藍色與灰色，就是他最愛用的顏色。

謎樣少女是幫傭？當作小插曲來說一說。此說法來自小說家崔西・雪佛蘭（Tracy Chevalier）於1999年出版的同名小說，並在2003年推出改編自小說的同名電影，由史嘉蕾・喬韓森擔演女主角。故事以維梅爾與這位女傭為男女主角，女僕工作時的身影與神韻，激發維梅爾的靈感，最後她成了畫中的模特兒。故事結局，少女沒有與他在一起，選擇下嫁於他人，而電影中的維梅爾也如他的真實人生一樣，因急病而英年早逝。下一站我們會去台夫特，到時會再談一談維梅爾的故事。

每次在美術館觀賞完名畫後，必會預留時間去看由名畫製成的紀念品。在這裡，《戴珍珠耳環的少女》的紀念品特別多，也特別受歡迎，我們當然沒有錯過。■

《戴珍珠耳環的少女》紀念品。

承載世界和平的許願小樹

和平宮、席凡寧根海灘

離開海牙國會議事堂後，我們便坐上 1 號電車，來到 Vredespaleis 站，下車即可見到和平宮。新文藝復興風格的和平宮（Peace Palace），主要使用花崗岩、沙岩、紅磚建成，屋頂是灰色石板，相當古典與華麗。雖然無法入內參觀，但站在外圍欣賞也讓人覺得賞心悅目。根據記載，和平宮建於 1913 年，原來這座建築這麼年輕，真教我意外！

不過，在我眼中，和平宮不完全只是異國旅途中的一處觀光景點而已。

沒有貴族富戶居住的和平宮

和平宮內，當然沒有任何皇室或有錢人居住。事實上，

它是一座匯聚很多處理國際法律事務機構的地方。我們在新聞上常聽到的國際法院（International Court of Justice）、常設仲裁法院（Permanent Court of Arbitration）、國際刑事法院（International Criminal Court）等三大國際性法院，再加上禁止化學武器組織（Organization for the Prohibition

和平宮訪客中心是免費開放的展覽空間，若要參觀和平宮內部，須在官網申請導覽團。

在國際法學界上，海牙和平宮擁有舉足輕重的地位。有人形容這裡是伸張正義的地方。

of Chemical Weapons）、歐洲刑警組織（European Union Agency for Law Enforcement Cooperation）、歐洲檢察官組織（Eurojust）等機構總部，全都設於海牙，海牙因而有「國際組織之都」這個外號。

　　其中，國際法院、常設仲裁法院就設在和平宮內。另外，宮內還有海牙國際法學院及和平宮圖書館等設施。這次主要先談前兩者，因為大家最常聽聞這兩個機構的大名。

　　旅遊期間，我從新聞報導中得知，某座城市正在發生人民與執法機構的激烈衝突，他們發現當地司法機構無法做出行動，便發起聯署，要求常設仲裁法院調查這些衝突。我便好奇，到底什麼是常設仲裁法院？常設仲裁法院過去曾處理過什麼案件？常設仲裁法院與國際法院有什麼分別？自己對於國際法律或仲裁功能等等完全不懂，不過只要參訪和平宮訪客中心的展覽區以及官網上載錄的基本資料，便可對這兩個組織的工作有初步的認識。

　　首先，常設仲裁法院與國際法院完全沒有關聯。常設仲裁法院是最古老的仲裁機構，於 1899 年根據《和平解決國際爭端公約》成立，至今超過一百年歷史，目前已有一百二十多個國家加入建院公約。除了實體國家之間的問題，它也處理政府組織、法人或私人團體與國家之間的爭端。爭議雙方可以請求仲裁法院進行仲裁、調解，或調查事實。當有國家向仲裁法院提請時，只要達到某些要求，

和平宮外面的石塊長椅，刻印了中、英、日、法等多國文字的「和平」。

法院便會成立專門的仲裁法庭。常設仲裁法院審理案件時，不需所有涉案的國家或組織同意就可展開聆訊。目前較為人熟悉的仲裁案，便是南海仲裁案。

　　至於國際法院，其實是聯合國六大主要機構之一且最主要的司法機關，是主權國家政府間的民事司法裁判機構，於 1945 年 6 月根據《聯合國憲章》成立，並於 1946 年 4 月開始運作。它的主要功能是對各國所提交的案件做出有法律約束力的仲裁，但只能應用於民事方面，並無刑事管轄權，因此無法審判個人。刑事審判是聯合國特設刑事法院或國際刑事法院所管轄的。迄今為止，國際法院已做出七十多項裁決。

　　不過說實話，對於國際法律沒有深入認識的人，即使努力消化這兩個國際法院組織的介紹文，也未必能充分理解它們的作用。而且過往有些敗訴國家往往會宣稱不接受、

新文藝復興風格的和平宮。
在我眼中，它不只是一個普通的觀光景點。

不承認、不執行仲裁結果，效力並不如想像中來得大。而前文提及那起城市居民聯署要求常設仲裁法院進行調查一事，接下來一、兩年都不見任何後續報導。

訪客中心有一棵心願樹，我寫上祝願和平的心願紙條，希望為那些正在奮力抵抗威權的人打氣。

雖然令人有些氣餒，但訪客中心有一棵心願樹，人們可以在那裡掛上自己寫的祝福小紙條。世界上確實有太多人正在面對不公不義的遭遇，可是世界並不冷漠，我觀看著這棵掛滿祝福小紙條的小樹，從文字內容及留字日期來看，顯然仍有為數不少的各國旅客持續在為那些正在奮力抵抗的人們打氣。讀著讀著，我心頭便感到有些溫暖了。

最後要說，和平宮雖不開放，但訪客中心的常設展覽可免費參觀。若希望進入宮內參訪，須事先在官網預約導覽行程。

跳進充滿活力的動態世界

　　告別和平宮，我們坐上 1 號路面電車前往席凡寧根海灘（Scheveningen Beach）。西班牙巴塞隆納海灘、澳洲黃金海岸、夏威夷威基基海灘我都去過，都是人山人海、超級廣闊的海灘。這座面臨北海的席凡寧根海灘的人潮與規模也不遑多讓。

　　這座海灘綿延三公里，大致可分為幾大區塊：最北的天體海灘、居中的北海灘、南邊的港口海灘。作為海濱度假勝地，它已有百年歷史，賭場、購物中心、五星級飯店、餐廳、酒吧、商店、水族館等設施都發展得十分完整。夏天還有小火車可搭，以及各類水上活動、露天音樂會、煙火表演等精彩節目輪番上陣。

　　不過我們沒有下水，也沒有逛街，主要是到碼頭散步。這座巨型碼頭分為上下兩層，上層是露天棧道，漫步的我們一邊享受陣陣海風，一邊俯瞰整個大海，盡頭還看得到觀光塔與摩天輪，多麼讓人舒服。能夠俯瞰到北海的壯闊無邊，並體驗大海灘的熱鬧盛況，正是我此行最大的收穫。

　　事前我在一些旅遊網站上看到，大多數人形容席凡寧根海灘「不屬於海牙」，在這裡走一遭，我便明白這種感覺了。想一想，從海牙國會議事堂、莫瑞泰斯皇家美術館、和平宮一路來到席凡寧根海灘，絕對是從一個充滿知性的靜態世界，跳進另一個充滿活力的動態世界。 ▬

1 ｜ 席凡寧根的廣闊沙灘，為海牙旅程劃上完美句點。
2 ｜ 廣大的海濱度假勝地，滿布賭場、商店、餐廳等娛樂設施。
3 ｜ 露天棧道的盡頭是觀光塔和摩天輪。
4 ｜ 我們乘搭 1 號電車來到海灘。

INFORMATION

和平宮：www.vredespaleis.nl
常設仲裁法院：www.pca-cpa.org
國際法院：www.un.org

CHAPTER **6**=

DELFT

台夫特

荷蘭國父的起義與葬身之地

台夫特

台夫特（Delft）是我們鹿特丹近郊之旅的第二站。它可說是一座歷史非常悠久的小城鎮，曾是工業貿易重鎮，也曾是荷蘭的第二大城市。它比鄰海牙，也與鹿特丹相距不遠，坐火車只需半小時便可抵達，相當方便。

如果你鍾情於荷蘭國寶級畫家維梅爾的作品，一定要來認識這座小城，因為這是維梅爾的出生之地，他也終其一生在此生活與創作，更為故鄉完成三幅風景畫。現存的只有兩幅，分別是《台夫特一景》與《小街》，第三幅《台夫特的房屋》則無人知曉下落，成為謎團。

台夫特起源於當地一條名叫「Oude Delf」的人工水道，直譯是「古代排水閘」。「Delf」的動詞「Delven」，意思是挖。昔日台夫特與其他小城一樣，以堤防擋住北海，當時的居民挖掘出疏水道，用來排乾沿海沼地，後來 Oude

Delf 引用為 Delft，成為此城鎮的名稱。Oude Delf 人工水道就在老教堂旁邊，旅客可在此乘坐觀光船，遊覽舊城區的運河風光。

國父威廉一世的起義與被刺

海牙被稱為皇室之都，因為現今主要的皇室成員都定居在此。而台夫特又稱為「皇家台夫特」（Royal Delft），因為這裡是皇室的起源。原來，台夫特就是四百多年前、荷蘭人起義反抗西班牙統治的據點。全名為威廉·奧蘭治－拿騷（Willem van Oranje-Nassau）的威廉一世，就是荷蘭革命中反抗西班牙哈布斯堡王朝統治的主要領導者，後來曾任共和國的第一任執政者。不幸的是，他在 1584 年於當

地被暗殺。

翌年，其次子拿騷的毛里茨（Maurits van Nassau）繼任，是為威廉二世，並扭轉劣勢，最終迎來黃金時代。直至 1609 年政局穩定下來，人們以最尊貴的榮耀尊稱威廉一世為「國父」。歌頌威廉一世的偉大貢獻的荷蘭國歌〈威廉頌〉（Het Wilhelmus）最初只在民間流傳，卻在不同的歷史事件中經常被人們用來歌頌為國犧牲的英雄，漸漸深入民心，1932 年後便正式成為荷蘭國歌。

威廉一世下葬在台夫特的新教堂。因為當時政局還未穩定，導致無法在布雷達（Breda）的皇室墓園下葬。從此之後，這座新教堂便成為往後多位皇室成員的安息之地，「Royal Delft」這個名字便由此而來。

保留當年彈痕的王子紀念館

除了新教堂，附近的市政廳與老教堂，現在已成為遊客造訪台夫特必去的三個景點，三地距離接近，從火車站徒步便可輕鬆到達。

另外，威廉一世昔日的住所如今已改建成王子紀念館（Museum Prinsenhof Delft），那裡正是當年他遇

位於王子紀念館內的國父威廉一世雕像。

1 | 稱為「Oude Delf」的運河，就是台夫特的起源。
2 | Oude Delf 運河接近老教堂的一段。

高高的老教堂與 Oude Delf 水道組成的景色，是台夫特的經典畫面之一。
還有，你沒看錯，老教堂是傾斜的，而且維梅爾長眠於老教堂的墓園。

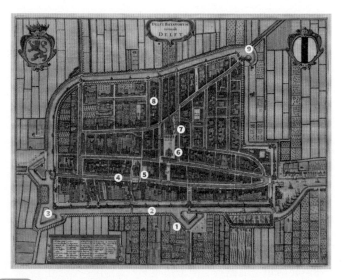

NOTE

1649 年的台夫特地圖

1 │ 推測這是現在台夫特火車站的位置。

2 │ 台夫特城牆已拆除，但部分護城河仍在。人們走出火車站，橫
　　過的那條河即是。

3 │ 從這幅圖上可見，沿著四邊城牆本建有十多座風車，如今只保
　　留一座；這是一座外形很特別的塔樓式風車，詳見後文介紹。

4 │ Oude Delf 水道。

5 │ 老教堂。

6 │ 舊市政廳。

7 │ 新教堂。

8 │ 據說維梅爾的《小街》就是畫這條街道。

9 │ 維梅爾《台夫特一景》中的東城門就在這裡，目前已成為旅遊
　　景點。

刺身亡的地方。此館就在老教堂附近，主要介紹威廉一世
當年革命反抗西班牙統治的時代背景，除了相關文物外，
也展出了其他名畫、藍陶等藝術品。值得一提的是，館內
的牆壁上，至今仍保存威廉一世當年遇刺的其中兩顆彈孔
（刺客當時連開三槍）。

INFORMATION

王子紀念館：www.prinsenhof-delft.nl

1 | 國父威廉一世的彩繪玻璃。
2-3 | 新教堂的國父威廉一世雕像。
4-5 | 新教堂地下室除了安葬威廉一世外，還有多位皇室成員。旅客可透過這座模型知道各皇室成員安葬的位置。
6 | 新教堂內部。
7 | 王子紀念館，威廉一世在此被人暗殺身亡。

尋找維梅爾畫筆下的原址
東城門

觀賞名畫，可以找出許多有趣的彩蛋故事。台夫特是荷蘭國寶級畫家維梅爾的故鄉，他一生都在這座城鎮裡生活與創作，可是其存世的 36 幅畫作卻沒有一幅收藏於故鄉。這情況其實很普遍，同樣發生在許多知名的藝術家身上。

雖然如此，台夫特的新教堂附近有一座小小的私人展館，稱為「Vermeer Centrum Delft」，以介紹維梅爾的生平及藝術風格，並展售其畫作的複製品為主。縱使我在荷蘭國家博物館與莫瑞泰斯皇家美術館觀賞過其畫作真跡，還是覺得這座展館值得參觀，也買了一些紀念品。

1｜新教堂附近的維梅爾小展館。　　2-3｜展館的維梅爾複製畫及各類紀念品。

《台夫特一景》出現的東城門，擁有雙尖塔，
是整座城牆僅存的部分，如今成為古城區的景點之一。

217

維梅爾畫的究竟是哪裡？

　　維梅爾現存兩幅以台夫特為主角的畫作，分別是《台夫特一景》與《小街》，都是荷蘭黃金時代最著名的城市風景畫。後世對於畫中的景物充滿好奇，很想知道畫中的景物到底在台夫特的哪裡？不少人都想親自到原址看一看。

　　荷蘭國家博物館曾經舉辦以「探索維梅爾《小街》中那條小街的所在之處」為主題的展覽，策展人彼得‧羅洛夫斯（Pieter Roelofs）表示：「維梅爾畫的那條小街到底在哪裡？這個問題的答案非常重要，不但會影響我們欣賞這幅維梅爾畫作的方式，還能勾勒出維梅爾身為藝術家的生活樣貌。」當時展覽公布了一個長久以來許多人都想知道的答案，也就是《小街》的原址。

　　雖然歷來公認《小街》這幅畫是一幅描繪台夫特街道的畫作，可是畫中並沒有明顯的台夫特標誌性建築物，也沒有維梅爾自己的文字紀錄表明畫中的街道原址。因此多年來有不少人在努力指認小街原址，但說服力一點也不高。

　　直至數年前，阿姆斯特丹大學藝術史教授法蘭西斯‧格里森豪（Frans Grijzenhout）查閱了 1667 年的「台夫特鎮運河疏浚帳冊」（De Legger van Het Diepen der Wateren Binnen de Stad Delft），終能找到確鑿的答案，清楚指出這條小街在台夫特鎮的實際位置。上述文件在過去並沒有人採用過。

　　由於當時所有的台夫特屋主都必須支付稅金來維護門前的運河及碼頭，而教授從這份文件中找到當時各個屋主支付款項的紀錄。經研究及判斷後，他確切地指出小街原

我們登上新教堂的觀景台，在教堂後方可見一條運河（右圖白圈），其中一座房子就是《小街》的原址。

1 | 當時每棟房子寬約 6.3 公尺，房屋之間的通道寬約 1.2 公尺。
2 | 教授指出這棟房屋屬於維梅爾的寡婦姑姑，畫中人物很有可能是她本人。

> **NOTE**
>
> **《小街》**（*Het Straatje / The Little Street*）
> - 畫家：維梅爾
> - 年分：約 1657-1658 年
> - 材質尺寸：油彩畫布，98×118cm

址，就在台夫特的弗萊明街（Vlamingstraat）現今的 40 號與 42 號。每棟房子寬約 6.3 公尺，房屋之間有兩條緊鄰的通道，每條通道寬約 1.2 公尺。進一步研究房屋位置及其後面的小花園後，證實現場的情況與畫作完全一致。而且當時的台夫特，沒有其他地方有這一連串的相似之處。

教授又指出，畫中小街右側的房屋屬於維梅爾的寡婦姑姑，也就是他父親同母異父的妹妹。她以販售牛肚為生，養活了五個孩子，而房子旁邊的通道也因此被稱為「牛肚通道」（Penspoort）。如今，該地點的房屋已重建，唯一仍可看出《小街》所描繪的部分，是右側醒目的大門和通道。後來，教授透過荷蘭國家博物館出版了《*Vermeer's Little Street: A View of the Penspoort in Delft*》一書。

此刻，我們正在新教堂的觀景台上，遠望著這條「維梅爾的小街」。弗萊明街就在新教堂後方不遠之處，透過 Google Map 即可輕鬆找到。

維梅爾留下的 17 世紀台夫特

現今的台夫特街景當然跟維梅爾所處的 17 世紀截然不同，城牆大部分也拆掉了，不過若要尋找《台夫特一景》的原址，相對於《小街》還是簡單輕鬆許多。我們便在現場找到畫中的兩座標誌性建築物——畫中前景的東城門

❶

❷

1 ｜ 這是畫作的右邊局部，左方格為新教堂。在維梅爾的年代裡，大圓鐘還未掛上去。右方格就是東城門。
2 ｜ 真實的新教堂稍微傾斜，並且已掛上大圓鐘。

（Eastern Gate），以及建築特色最明顯的雙尖塔，也是城牆唯一保留下來的部分；另外，畫作的大後方就是新教堂。單憑這兩個一眼便認出的標誌性建築物，再加上最前方的運河，人們便知道維梅爾是「在科爾克運河沿岸房子的窗戶或陽台上」繪製此畫。

東城門的另一邊。從這裡走出去，便可見到運河。

此外，維梅爾為了成就心中的理想構圖，在某些地方做出調整，主要見於新教堂。現實中的新教堂尖頂稍微向右傾斜，但他把它調整為垂直，沒有傾斜。值得一提的是，由於荷蘭國父威廉一世長眠於此，因此維梅爾用上一層奶油般的黃色顏料把教堂尖頂畫成彷彿沐浴在璀璨的陽光下，其超然的感覺有別於畫中其他建築物。

還有一個彩蛋。細心比較真實的新教堂與畫中的新教堂，有沒有發現還有一處出入？就是塔樓上的那顆大圓鐘。現在的新教堂塔樓掛有大圓鐘，但畫中並沒有。原來大圓鐘是直到 1661 年，才由阿姆斯特丹的鑄鐘匠人海默尼（Hemony）兄弟鑄造完成並掛上。時至今日，擁有雙尖塔的東城門不但因為是古城遺跡而聞名，也因為出現於《台夫特一景》之故，而成為旅客必訪的熱門景點。

INFORMATION

維梅爾展館：www.vermeerdelft.nl

DELFT

偉人與皇族的沉眠之地
老教堂與新教堂

第一次到訪台夫特的旅客，步出火車站後，沿著指標就可以輕鬆到達市中心的歷史城區。事實上，有點傾斜的老教堂鐘樓就像大海上見到的燈塔一樣，只要抬頭朝它一直走就可以了。

這天的天氣十分晴朗，比起前一天到訪海牙時好很多，城鎮景致在充足陽光的照射下多了一種鮮明生動的色彩。有人說台夫特就像小阿姆斯特丹，大概是因為這裡同樣有多條運河，運河石拱橋與矮房交錯組成的美麗景色，都讓人有種走入童話故事書裡的感覺。不同的是，阿姆斯特丹是一座觀光大城市，遊人處處，台夫特自然寧靜許多，充滿著一種舒服且怡人的老城氛圍。

沉睡著偉人的老教堂

台夫特歷史城區保留了不少古舊建築，第一座見到的是塔高 245 公尺的老教堂（Oude Kerk），它建於 13 世紀，是市內最古老的教堂，以其傾斜兩公尺的鐘樓而聞名。早

1 ｜ 老教堂成為多位荷蘭偉人們的長眠之地。
2 ｜ 繪畫大師維梅爾安葬於老教堂墓園。

於鐘樓施工的初期，就已經發現此處地基不穩，建好後，當地人甚至一度擔心樓身倒塌而計畫拆除。幸而，這座傾斜的鐘樓在多次加強維護及鞏固工程施作後，終被保留下來，成為台夫特現今的獨特地標。其實這種建築物出現傾斜的情況，在阿姆斯特丹市中心比較明顯，三、四層樓的房子大多是斜斜的，也成為奇異有趣的城市風景。

　　老教堂旁、稱為 Oude Delf 的運河是此城鎮的起源，超過七百年的歷史。我們從城的另一端走過來，沿著此運河慢慢走向這座斜斜的教堂鐘樓，兩旁的典型荷蘭房屋與老教堂傾斜鐘樓的蹤影，就是台夫特最經典的景色。稍後要介紹的新教堂，是皇室成員永遠的沉睡之地，而老教堂則是荷蘭偉人的安眠之處，除了繪畫大師維梅爾（逝世於 1675 年），還有荷蘭的海軍英雄馬滕・特朗普（Maarten Tromp，逝世於 1653 年）、光學顯微鏡之父安東尼・范・雷文霍克（Antonie Philips van Leeuwenhoek，逝世於 1723 年）等人安葬於此。正因為如此，老教堂的內部規劃也順理成章地變成這些偉人的生平展覽館，畫龍點睛地介紹他們的生平事蹟與重要遺物。

老教堂與 Oude Delf 運河組成的畫面，是台夫特最經典的景色。

最偉大的荷蘭人

多年前，荷蘭公共廣播電視 KRO 播映過極受觀迎的節目：《最偉大的荷蘭人》（*De Grootste Nederlander*）。當時最高票數由被暗殺及長眠於台夫特的荷蘭國父威廉一世獲得，可見在許多荷蘭人心中，他是真正的「最偉大的荷蘭人」。而上文提及的光學顯微鏡之父安東尼・范・雷文霍克則位居第四位。

第五名是思想家和神學家伊拉斯謨，我們在鹿特丹篇已介紹過他。至於第八至第十名，分別是我們熟悉的《安妮的日記》作者安妮・法蘭克，及林布蘭與梵谷。

新教堂內的國父威廉一世雕像。

運河與房子縱橫交錯組成的美景，不妨隨性找一家餐廳，在戶外用餐區享受午後的陽光。

由老教堂到市集廣場周邊一帶，是最核心的歷史地區，也是旅客要去的重點地方。市集廣場（Markt）自然是台夫特生活與觀光的中樞，東北邊有新教堂鐘樓醒目聳立，西南側則是舊市政廳（Oude Stadhuis）。這座市集廣場昔日已是市集所在之地，現在每逢週四，仍會舉辦大型市集，匯聚約一百五十個店家，販售著各種新鮮食材、衣服、雜貨等。如今的舊市政廳是在 17 世紀重建後的外觀；登上新教堂鐘樓俯瞰時，可同時將舊市政廳、老教堂鐘樓一併收入視野中，這兩座建築物的建造年代雖然相距甚遠，但組合成一體卻十分協調。

一點也不新的新教堂

典型哥德式的新教堂（Nieuwe Kerk）規模比起老教堂更大，地理位置位在整座古城的中央位置。這座教堂對荷蘭而言別具意義——其地下室埋葬了國父威廉一世及其後代的皇室成員。地下室雖不對外開放，但遊客仍可參觀教堂內部。

高聳壯觀的新教堂鐘樓，我們先在內部參觀後，再爬上 360 多階的階梯，鳥瞰台夫特全景。

登上觀景台途中，會遇見鐘樓的歷史展覽。

對一些華人旅客來說，常常會誤解新教堂的「新」，以為是一座現代化的新式教堂——事實上，它落成於1496年，一點也不「新」。之所以稱為新教堂，是因為它是新教（基督新教）的教堂。時至今日，老教堂與新教堂都成為旅客必去的地方，大家只需在其中一座教堂買一張門票，便可同時參訪兩座教堂。不過新教堂的塔樓觀景台須額外付費，喜歡鳥瞰大景的我們當然不會錯過。

與老教堂一樣，新教堂的鐘樓同樣有少許傾斜，不過沒有那麼明顯。此塔樓為台夫特最高的建物，高達109公尺的尖塔矗立雲霄，也是荷蘭第二高的鐘樓（最高的那一座在烏特勒支）。拾級而上，爬完總數360多階的階梯後，來到新教堂最高層的展望台上，放眼望去，橘色屋瓦宛如整齊的方塊組合星羅棋布，彷彿呼應了國父威廉一世所屬的皇室姓氏「Oranje」的橙色之意。市集廣場、舊市政廳、老教堂等，也由於不同一般的俯瞰視角，呈現典雅別緻的復古樣貌。

INFORMATION ————————————————

新教堂與老教堂官網：www.oudeennieuwekerkdelft.nl

❶

❷  ❸  ❹

1 ｜ 只需買一張門票，可以同時進入新教堂及老教堂，至於登上新教堂的觀景台，需另外付費。
2-3 ｜ 從不同的位置觀看廣場上的舊市政廳。　　4 ｜ 大約十分鐘後，登上觀景台觀賞好風光。

老教堂鐘樓以傾斜兩公尺之多而聞名。

圖中的市區房子也有些微傾斜的現象。

站在新教堂觀景台可望到 360 度全景，最美的構圖莫過於這幅由老教堂（右邊）、舊市政廳、廣場，以及人來人往的熱鬧盛況組成的畫面。順帶一提，從這角度望向老教堂，竟然一點都不覺得鐘樓是傾斜的。

DELFT

有一種藍，叫台夫特藍
皇家台夫特藍陶工廠

台夫特的特殊之處，除了是荷蘭獨立戰爭的起義地、荷蘭國父被暗殺及長眠的地方、以及維梅爾的故鄉外，還有另一個重要的特產——台夫特藍（Delft Blue）。台夫特藍就是指產自台夫特的手工製作陶器，值得一提的是，其中一家製作台夫特藍陶器的工廠，於 1919 年起至今，一直是皇室御用的品牌，可想而知這家工藝精品等同於國寶。

皇家台夫特藍陶工廠（Royal Delft）是我們台夫特小旅行的最後一站。它位於舊城區以南，是少數僅存由 17 世紀經營到現在的台夫特藍陶工廠。從市集廣場走過去約二十多分鐘，因為快到下午 5 點整的閉館時間，我們便選擇搭乘六人電動小車，花了幾塊歐元來節省步行時間。

台夫特藍陶器的似曾相識

之前在荷蘭國家博物館參觀，我第一次遇見台夫特藍陶器。我相信許多華人旅客，一眼看上去都會覺得台夫特藍陶格外眼熟。它白底藍花的這個標誌性外觀，乍看與中國青花瓷沒有太大分別，但只要仔細一瞧就會發現，上面

我們在市集廣場坐上電動六人車，不到五分鐘便抵達皇家台夫特藍陶工廠，這幾塊歐元真是花得好。

進入廠房可觀看到一件件陶器是如何一步步地被完成。

其他皇家台夫特藍陶器。

繪的竟然都是歐洲元素的圖案。

台夫特藍陶器的由來便呼之欲出了——正是脫胎自中國的青花瓷。事緣17世紀初,當時歐洲的瓷器技術落後於東方,因此荷蘭東印度公司在中國進行貿易時引進大量瓷器,果然,來到荷蘭的中國青花瓷馬上大受歡迎。

後來因為明末清初的大動盪,沒有足夠的貨源送到荷蘭,於是商人動起自己製造的念頭。工匠們從最初的完全模仿,到開展出自己的技術及風格,並將歐洲人喜愛的紋樣與圖案融入藍陶畫面中,最終成為獨具一格的台夫特藍陶器。台夫特藍陶器的主要特色是,全部都是手工製作,其底釉為白色,再以氧化金屬釉來作彩繪裝飾,被廣泛用於盤子、花瓶上面。1640年到1740年可說是全盛時期,台夫特藍陶器工廠多達32家,各

類產品熱銷歐洲各國，皇室貴族、上流階級都大為驚豔，爭相搶購。

至於我們這天參觀的皇家台夫特藍陶工廠，前身為「De Porceleyne Fles」，成立於1653年，1876年後研發出一種新技術，使成品不易破損，讓這家曾經即將倒閉的工廠得以浴火重生。1919年，工廠更獲得皇室授權冠名，成為現今的皇家台夫特藍陶工廠，至今仍然定期接受皇室委託，製作送禮自用兩相宜的皇家精品。

最具荷蘭特色的鬱金香花瓶

這座工廠展區大致分為皇家專區、節日限量系列，跨界合作作品區、已停產絕版的展區等。這裡的作品數量比起荷蘭國家博物館更多，自是意料中的事。其中最具有荷蘭特色的藍陶器之一，應該是鬱金香花瓶（Delft Blue Tulip Vase）。

鬱金香花瓶並不是指在其表面繪有鬱金香圖案，而是在瓶身上設計多個細小瓶口，專門讓人插放鬱金香的。這種花瓶由來已久，從這座小鎮開始製作台夫特藍陶器便已出現。它的外形多變，圓形、方形或橢圓形皆有，並且可以製成不同的尺寸。花瓶的每一層都有小瓶口可以插入鬱金香，整座花瓶可達一點五公尺以上，大約有九層之多，

各種台夫特藍陶器中，以鬱金香花瓶最著名，圖中有一個大型的，共有八層，肯定價值不菲；另有兩個小型的，一個有顏色，一個沒上色。

堆疊層數愈多愈壯觀。夏季時，當地人會在這種花瓶插上大量新鮮的鬱金香來裝飾家居，較小的花瓶就會放在桌上。

成為獨當一面的台夫特藍陶畫師

此外，旅客也可以進入廠房參觀整個製作流程。目前工廠有十五位畫師，我們在現場見到兩位畫師正在埋首工作。看著一小筆一小筆慢慢地繪畫的過程，覺得真是好

要成為一位合格的台夫特藍陶畫師，需要接受長達八年的內部訓練。

兩位畫家正在為陶器繪製圖案，男畫家是在碟子上繪畫，女畫家則在花瓶上作畫（成品如小圖）。

盛夏時，當地人喜歡在鬱金香花瓶插上大量新鮮的鬱金香，裝飾家居，較小的花瓶就會放在桌子上。

鬱金香花瓶本身設有多個細小瓶口來插放鬱金香。它的外形多變，可以是圓形的，或是方形、橢圓形，並且可以製成不同的尺寸。

看的畫面（以自己也是畫家來看，更有一種尊敬佩服的感動）。據說要成為合格的畫師，需要接受長達八年的訓練。

　　每一件產品都是畫師獨一無二的作品，因此當你結束參觀後來到紀念品區，不妨小心地拿起一件小小的碟子或杯子，即可在底部見到畫師手寫的真品履歷文字，包括Delft、畫家名字縮寫、產品編號等等。當然工廠也有出售機器量產的產品，其底部只會印上公司名稱。重點是，同樣是一件小小的杯子，兩者的價錢真是天差地別。

　　除了皇家台夫特藍陶工廠，當然還有其他藍陶專門店，比如我們在阿姆斯特丹中央火車站便經過一家名為「Heinen Delfts Blauw」的藍陶連鎖店，產品不但多樣化，而且分店遍布各大城市，想買藍陶回家紀念的旅客也可以考慮這個品牌，不妨瀏覽其官網比較一下。■

3-4 ｜ 皇家台夫特藍陶工廠出產的手工陶器，其底部必見畫家親自寫上的文字，包括 Delft、畫家名字簡寫和產品編號等。圖中是一組小杯子及碟子，標價為 142.5 歐元。

5 ｜ 非手工的量產陶器，底部則是印上品牌標準字。此碟子比上圖的碟子大一點點，價錢只需 22.5 歐元。

6 ｜ 維梅爾的《小街》也有製成台夫特藍陶瓷磚畫。

1 ｜ 荷蘭國家博物館的台夫特藍陶器展區。
2 ｜ 位在阿姆斯特丹中央火車站附近的 Heinen Delfts Blauw，專門販售台夫特藍陶器。

INFORMATION ─────────────────

皇家台夫特藍陶工廠：www.royaldelft.com
Heinen Delfts Blauw：www.heinendelftsblauw.nl

工廠的鎮館之寶，毫無疑問的，便是一幅由 480 塊瓷磚拼成的林布蘭《夜巡》圖。這件作品與原畫大小完全一致，由兩名畫師合作完成，利用藍陶釉能夠比青花瓷表現更多明暗的這項特點，再現油畫效果。

旅途中見過最特別的風車
塔樓式玫瑰風車

在前往台夫特的火車途中，我透過 Google Map 發現，步出台夫特火車站後，只需往左邊步行幾分鐘，便會見到一座相當巨型的風車。這座風車有別於我們在小孩堤防見到的那種只有三、四層高的風車，於是臨時決定先去一趟再進城。

網上資訊指出，這座風車稱為「玫瑰風車」（Windmill the Rose），屬於塔樓式風車（Tower Mill）。我們來到現場的第一個印象是——它真的、真的相當巨大！目測推算應該有九、十層樓這麼高。

根據歷史記載，這種塔樓式風車於 1300 年在歐洲各地開始出現，其特色在於風車可以蓋立得更高，透過安裝更大的風葉，比起一般建於平地的風車可以提供更大的生產力。

這座龐然巨物屬於常見的形制，可分為上下兩部分，上面是典型的上窄下闊圓柱體的風車，木造頂部可以按風向而轉動。至於下層就是一座石造多邊柱體的塔樓，而兩側邊的建築部分，看起來是後來擴建而成的房屋。至於上、下層之間的位置設有木造露台，人們可從室內走至戶外。

我觀看 1649 年的台夫特地圖，由火車站到這座風車這一塊，就是昔日城牆的其中一段。整座城牆其實建有十五座風車，而我眼前這座塔樓式風車是建於 1679 年，大約 2013 年才成功修復，成為台夫特保存下來的唯一一座風車。這座風車目前是一座磨坊，內部還有十五名左右的員工。旅客進入可以近距離看到如何使用風車來帶動磨坊的機具運作，裡面也有展覽可參觀，介紹昔日台夫特的風車與生活等。而前文提到的木造露台也可以出去，欣賞四周的景色。

過了運河往左走，可見到這座台夫特
僅存的塔樓式風車。

步出火車站便見到這條運河，前方的房子就是台
夫特舊城區。運河與房子之間即是昔日的城牆。

昔日的台夫特，城牆四周共有 15 座塔樓式
風車，目前只剩下這一座。這座風車目測約
有九、十層樓高，相當巨大。

話說過來，我們在另一天前往阿
爾克馬爾起司市集的時候，在舊城區也
遇上同樣巨大的塔樓式風車，可惜外圍
設有圍閘，無法近距離觀看。如果有
時間，我建議從鹿特丹坐地鐵去斯希丹
（Schiedam），在 Parkweg 站下車，不
遠處的 Noordvestgracht 運河上便坐落四
座高大的塔樓式風車，景色相當壯觀！
其中一座稱為「新棕櫚樹風車」（De
Palmboom），是開放給人入內參觀的
風車博物館。

INFORMATION ─────────────

台夫特塔樓式風車：www.molenderoos.nl
───────────────────────

鹿特丹的斯希丹運河上共有四座塔樓式風車（此
圖是其中兩座），組成優美景色。

1 ｜ 台夫特塔樓式風車有別於一般的塔樓式風車，兩側均加建不對稱的房子。

2 ｜ 人們可以走到中間的露台觀看景色。　　3 ｜ 風車的正門。

4 ｜ 這是我們在阿爾克馬爾見到的塔樓式風車。

CHAPTER **7** =

MAASTRICHT

馬斯垂克

從古羅馬城到歐元發源地

馬斯垂克

馬斯垂克（Maastricht）是整個旅程的最後一站。事實上，我們是從比利時布魯塞爾出發，來到馬斯垂克一日遊的，翌日便要坐上飛機回香港。之所以想造訪此地，是因為二戰時期，如《夜巡》等大量、珍貴的藝術作品曾經為了避難，而藏入這裡的聖彼得山中。因此我們的馬斯垂克旅程上半部，便是深入聖彼得山的洞窟探索。

最不像荷蘭的荷蘭城市

馬斯垂克位於荷蘭東南部的邊陲，與比利時相鄰，基本上兩國以一條河流作為天然的國界線。打開地圖會發現，馬斯垂克所屬的林堡省（Limburg Provincie）夾在西邊的比利時與東邊的德國之間，乍看之下，彷彿是具有某種特殊

意義而延伸出來的一片荷蘭國土。後來細閱《1839 年倫敦條約》（*Treaty of London, 1839*），我才恍然其中玄機。

話說，在拿破崙一世時代結束後，馬斯垂克於 1815 年屬於荷蘭聯合王國（the United Kingdom of the Netherlands）的一部分。但是 1830 年開始，荷蘭聯合王國南部的地區尋求獨立（後來成為今日的比利時），而馬斯垂克人也開始

位於古城區的旅客中心，是建於 15 世紀末的哥德式建築，曾是昔日政府機構辦公的地方。

馬斯垂克旅程的上半場，我們首先登上古城區附近
的山洞探險，那是二戰時期大量藝術品的避難所。

雙塔的地獄之門，是荷蘭現存最古老的城門。

反抗。馬斯垂克在 1830 年與 1839 年之間，跌進了一個不屬於荷蘭、也不屬於比利時（正確來說還未正式成立）的動盪時期。《1839 年倫敦條約》是一件相當複雜的事，不在此詳說，簡言之，此條約確認了荷蘭與比利時的兩國國土，而馬斯垂克及林堡省的東部儘管在地理與文化上更靠近比利時，但因為此條約的關係，馬斯垂克被永久地分給了荷蘭。

荷蘭最古老的城市？

馬斯垂克的歷史故事，還有一個常常掛在旅客嘴邊，稱呼此城市是荷蘭最古老城市的事蹟。原來古羅馬人曾在此建立一座稱為「Traiectum ad Mosam」的中型城市，根據發掘到的遺跡及文獻記載，這座已經消失的古城就在現今馬斯垂克的古城區之中，一般旅客從火車站開始旅程，從車站前面的大路直行通過聖瑟法斯橋後，就是馬斯垂克的古城區，這裡也是最重要的觀光區域。當走過聖瑟法斯橋進入古城區，便接近兩千年前的 Traiectum ad Mosam。

但位於荷蘭東部並靠近德國的奈梅亨（Nijmegen），原本也宣稱為荷蘭最古老的城市，同樣因為古羅馬人曾在那裡興建城市，因此到底哪一個地方才是荷蘭最古老的城市，多年來一直都有爭議。我覺得兩座城市都一樣古老。

不過說到古舊建築的數量，馬斯垂克是第二名，擁有

1,677 座國家文物建築，僅次於阿姆斯特丹。而馬斯垂克古城的圍牆雖然大部分已被拆掉，但保留了建於 1230 年左右、荷蘭最古老的雙塔城門（這個紀錄是沒有爭議的）。這座城門又俗稱「地獄之門」，留待後文介紹。

《馬斯垂克條約》與歐元的未來

剛才提到《1839 年倫敦條約》，那也得說說比較近代發生的《馬斯垂克條約》（Maastricht Treaty）；顧名思義，此關係重大的條約就在這座城市簽定的。

1992 年正式簽訂的《馬斯垂克條約》，即是《歐洲聯盟條約》，從此歐元區開始逐步成立。2002 年初，15 個歐洲國家接納歐元，歐元開始流通。三十多年過後的現在，世界正處於巨變，當初簽署條約以及後來加入的國家，都各自面臨不同程度的難關，也做出了艱難的決定。雖然現在歐洲國家仍持有歐元，但它受到愈來愈大的壓力，不少國家已經退出，不禁要問，歐元還可以迎接它的下一個三十年嗎？馬斯垂克與歐元當然沒有直接的關係，來到這裡遊覽的人也或許不會注意到這項條約，但在馬斯垂克想到這個問題，還是不勝唏噓。

最後要提一下，我們不從鹿特丹出發去馬斯垂克的原因，很簡單，就是交通時間比較長，搭火車的話，中間需要轉車一次，全程兩個多小時。但從比利時布魯塞爾出發的時間就比較短，同樣是轉車一次，只需一百分鐘左右。既然我們可以彈性選擇不同的出發點，當然挑選比較省時的方案。

INFORMATION

馬斯垂克觀光局：www.visitmaastricht.com

1 | 我們從比利時布魯塞爾出發，中途在比利時的列日－吉耶曼（Liège-Guillemins）車站轉車。

2-3 | 全程約一百分鐘，抵達馬斯垂克火車站。

從地獄走到天堂的古城漫步
馬斯垂克古城區

展開從地獄走到天堂的馬斯垂克古城漫步之旅，必須先走過默茲河。馬斯垂克火車站位於新城區，默茲河貫穿整座城市，接近兩千年悠長歷史的古城區就在對岸。

默茲河（Meuse）源自法國，流經比利時，最後在荷蘭注入北海，全長 925 公里。而馬斯垂克位於這條歐洲主要河流的三分之二段的位置。由此可知，歐洲城市的興起，往往與河流有著重要的關係，而「Maastricht」這個城市名，其實是源自其拉丁文「Mosae Trajectum」（Crossing of the Meuse，意指穿過默茲河）。

紀念聖人的聖瑟法斯橋

兩千年前，古羅馬人在默茲河建造第一道木橋，逐漸

發展起這座城市。兩千年後的現在，新城區與古城區之間已經建造了好幾道橫跨默茲河的大橋，其中從火車站前方的大道直行所通過的那座聖瑟法斯橋（Sint Servaasbrug）最為著名。聖瑟法斯橋事實上是繼承了古羅馬木造橋的地位，原來的木造橋於 1275 年因為日久失修而發生倒塌意外，造成四百人死亡的嚴重慘劇。聖瑟法斯橋在 1298 年建好，取代舊橋，發揮橫跨默茲河、連貫古城的重要作用。

採用石塊建造的聖瑟法斯橋，其命名是為了紀念羅馬時代的大主教聖瑟法斯，相傳他於 384 年將主教轄區從通赫倫（Tongres）遷移至馬斯垂克，因而被視為今日荷蘭的第一位大主教與馬斯垂克的主保聖人（指守護某地區的聖者）。時至今日，古樸的石造拱橋造型已成為馬斯垂克地標，而靠近新城區的橋面可以升起，以便讓大型船隻通過。

源於法國的默茲河，是歐洲主要的河流之一，在最後三分之一段來到馬斯垂克。本圖是在聖瑟法斯橋上拍攝的，遠方的另一道橋稱為「Hoge Brug」，同樣可通往古城區，較靠近地獄之門。

1-2 ｜ 走在聖瑟法斯橋的旅客。此石造大橋已有七百多年歷史。
3 ｜ 聖瑟法斯橋的岸邊滿布露天咖啡座，是觀賞河岸風光的好地方。本圖是新城區岸邊。
4 ｜ 跨過聖瑟法斯橋便可直接進入古城區，本圖是昔日城牆的位置。

人間與地獄的交界

　　如果想遠眺聖瑟法斯橋全貌，便要走另一條較新的大橋「Hoge Brug」，同樣可以抵達古城區，而且比較快前往地獄之門。

　　馬斯垂克的第一道護城牆建於 1229 年，由公爵亨利一世（Henri I）下令建造。後來，由於城市不斷發展，就在 14 世紀初及 16 世紀初時，又擴建了第二道及第三道護城牆，目前只有少部分城牆保留下來，而當中最著名的就是地獄之門，因為它是荷蘭現存最古老的城門。記得台夫特的雙塔老城門嗎？這裡的城門同樣是雙塔設計，其兩旁還保留一部分較為完整的城牆，不少旅客喜歡穿過此城門進入古城區。值得一說，此城門口旁邊有道小門，可以登上二樓，裡面有座小小的博物館。

　　這座老城門之所以被稱為「地獄之門」（荷蘭語：Helpoort／英語：Hell's Gate），是因為 14 世紀發生了人類史上最嚴重的瘟疫——黑死病，送至城外的安置所隔離的黑死病病人都必須通過此城門，幾乎是有去無回，所以才有這麼不祥的稱呼。據說當時一座城市一旦染疫，往往造成一半人口死亡的慘況，真是一點也不誇張！

　　地獄之門附近有一座聖母教堂（Basilica of Our Lady），是古城區建築的欣賞重點之一。位於後面的教堂主樓，外觀沒有特別吸引我，令人注目的反而是其正面，竟然是一座十分高大的城樓——明明是一座教堂，卻讓人

地獄之門是荷蘭最古老的城門，整個石造建築讓人印象深刻，城牆上還有一道木造的窗子，裡頭是地獄之門博物館。

249

古城牆只留下很少的遺跡，我沒有特別去找，不過在城內隨性走走，竟然也可驚喜遇上。

以為是座城堡！這主要是因為此教堂鄰近河岸，因而興建聳立的高塔，可以監控來往默茲河上的船運交通。想不到教堂也肩負著軍事防禦的作用。

馬斯垂克的信仰核心地

　　事實上，古城區共有三座知名教堂，除了聖母教堂之外，另外兩座是在維德霍夫廣場（Vrijthof Square）上比鄰而居。這個占地廣大的廣場位於古城中心，地位之所以重要，正是因為這兩座象徵著馬斯垂克宗教精神的聖瑟法斯大教堂與聖揚教堂就在一旁。面向廣場的右邊是聖瑟法斯大教堂，左邊則是聖揚教堂。

　　聖瑟法斯大教堂（St. Servaaskerk）是此城最重要的教

擁有高大城樓的聖母教堂，乍看之下真的以為是一座堡壘。

維德霍夫廣場上的聖瑟法斯大教堂與聖揚教堂。廣場也是古城區主要購物街道的共同終點，為精華地段的核心。

堂，跟聖瑟法斯橋一樣，是為了紀念這位首任主教。大教堂蓋在這位主教的墳墓上，西元 560 年初建時還只是一座小禮拜堂，經過一千多年來的陸續擴建，成為今日規模宏偉的羅馬式十字形大型建築。此教堂收藏大量的宗教聖物，最為珍貴的就是聖瑟法斯主教的聖骨匣，其他還包括其半身雕像、掛於胸前的十字架、聖杯等等。另外，中庭裡還有一座重達七公噸、暱稱為祖母鐘（Grameer）的大鐘，鑄造於 16 世紀初，是荷蘭最大的教堂鐘。

1 ｜ 哥德式建築的聖揚教堂，當初建立的原因是用來分散到聖瑟法斯大教堂的人潮。最吸引人的就是其赤紅色的塔樓，給人與眾不同的感覺。
2 ｜ 聖瑟法斯大教堂的一角。我們無法進入教堂內，只能在外邊繞一圈，欣賞其建築特色。

至於旁邊的聖揚教堂（St. Jankerk）建於 14 世紀，原本只是附屬於聖瑟法斯大教堂的建築物，後來擴建並獨立成為一座教堂，最顯眼的就是它的赤紅色高塔。雖然有很多有趣的傳聞，但高塔之所以呈現紅色，只是因為建材含有褐色鐵礦。旅客可付費登塔去欣賞全城景色，可惜我們抵達時已經關門了。

從廢棄教堂昇華為天堂的書店

除了充滿久遠歷史感的幾個地標之外，城內還有一間吸引大量旅人慕名而來的書店——被暱稱為「天堂書店」的馬斯垂克多明尼加書店（Dominicanen Bookstore）。

當然不是說進入這間書店，你就會上天堂，而是它被 CNN 評比為全球最美的十大書店之一，也被英國《衛報》讀者票選為「最美的書店第一位」，每年吸引數十萬人次造訪。這間書店是由一座中世紀的哥德式教堂改建而成的，教堂本身曾因戰亂而關閉，之後被當成倉庫、檔案館、自行車棚等等，直到 2004 年市政府與荷蘭某連鎖書店集團合作，邀請專業建築團隊操刀，將接近廢棄的教堂改造為獨樹一格的特色書店，同時也是能量充沛的藝文空間，一年舉辦百場以上的活動，如簽書會、講座、音樂、展覽等，是城中的藝文匯聚地。就像台灣及香港，會把一些死氣沉

1 │ 書店小穹頂下的一樓。
2 │ 教堂盡頭改建為咖啡館。
3 │ 旅客一邊讀書一邊品嚐咖啡，感受在天堂書店裡美好的閱讀體驗。

沉的老建築活化成功的案例一樣，這間教堂書店從此走出一條綻放生命光芒的大路。

整修工程包括修復玻璃窗、圓拱穹頂、乾溼壁畫和雕飾等等，同時極力保留原有教堂的設計（一般不知道這間

書店保留了列柱挑高的壯觀空間，以充滿現代感的黑色鋼架搭起一座兩層樓高的書塔。右圖箭頭處是一樓增建延伸出來的小觀景台。

教堂正面。不知情的人，真的會以為這只是一間教堂，而與裡頭的書香錯身而過。

書店背景的遊客，應該會以為它是一座教堂而錯過它吧）。建築設計師利用鐵架分隔出書架空間與閱讀場所，讓人可以在充滿神聖氛圍的中世紀教堂內閱讀現代文學書籍，是一種空間與時間交錯所造就出來的現代藝術美感體驗。我走到盡頭教堂祭壇昔日的位置，還驚喜地發現這裡現在變成品嚐咖啡的詩意之地。

不過，書店也曾風雨飄搖。原本接手營運的書店集團，在 2014 年宣告破產，使這家天堂書店一度成為孤兒。

後來蛻變成為獨立書店，由當地人主力經營，正式取名為「Dominicanen Bookstore」。

巴洛克建築大師的手筆

馬斯垂克市政廳（Maastricht City Hall）是我們漫遊古城的最後一站。離開天堂書店，繼續向北走，就來到市集廣場。這是城中的另一座大廣場，每個週末都會特別熱鬧，數十個小攤位聚集擺攤，賣著各式各樣的雜貨和美食，旅客們自然不會錯過。

建於 17 世紀的市政廳，相較前面提及的地標建築，當然年輕許多，不過我馬上聯想起由雅各·范·卡彭參與設計的水壩廣場阿姆斯特丹皇宮，因為兩者的建築風格有點接近。原來，馬斯垂克市政廳的建築師彼得·波斯特（Pieter Post），與卡彭是終生合作的夥伴，之前造訪過的海牙莫瑞泰斯皇家美術館，便是出自兩人合作的手筆。

建於 17 世紀的馬斯垂克市政廳，
是漫遊古城的最後一站。

龐大如蜘蛛網的地下奇觀
藏過《夜巡》的聖彼得山洞窟

有沒有想過，歷史上歷經這麼多紛爭，我們是不是差一點就無法欣賞到《夜巡》與《倒牛奶的女僕》等經典作品呢？在欣賞這兩幅名作時，我曾閃過這樣的想法。

大量藝術品逃離納粹魔爪

我同時想起 2014 年上映、讓我印象深刻的電影《The Monuments Men》（台譯：大尋寶家／港譯：古文明救兵），是喬治・克隆尼、麥特・戴蒙與凱特・布蘭琪等多位著名影星主演，講述一群藝術史學家與博物館館長並肩合作，與時間賽跑，尋回被納粹竊取的大量藝術作品，以免它們毀在希特勒的手上。這部電影改編自一部歷史文學作品，想不到數年後開啟的這趟荷蘭之旅，我在這裡也遇上另一件類似的歷

史事件——二戰時期，同樣為了保護價值無可估計的藝術品，荷蘭人提早將它們撤離當地，才沒被納粹奪走。

時間回到 1939 年 9 月，時值二戰爆發初期，荷蘭國家博物館有先見之明，緊急撤離《夜巡》、《倒牛奶的女僕》及其他三萬多件藝術品（想想這是多浩大的工程！）。起初藏於附近的海岸某處，後來 1942 年運到馬斯垂克的聖彼得山的巨大洞窟中。戰後，這批藝術品安然無恙地送回博物館，我們今天才能夠繼續欣賞它們的美麗。

擁有地底迷宮的聖彼得山

首先介紹位於馬斯垂克古城區南邊的聖彼得山，它與比利時邊界接壤，越過此山便可進入比利時。位於低地之

馬斯垂克的旅程上半場，我們首先登上舊城區附近的
山洞中探險，那裡正是二戰時大量藝術品的藏匿處。

國，自然想像得到，此山一點也不高，只有海拔四百多公尺。這個小小的山區雖然已經被列為重要的自然保護區及休閒旅遊區，但公共交通並不方便，步行前往是唯一的方法。我們到達古城區後，沒有去任何景點，便率先步行前往聖彼得山。我邊看 Google Map 邊走著，經過警察局大樓和一些完全是民居的地段後，大約半小時後開始走上不太斜的登山路。在聖彼得山北邊只有一條上坡路，山上也只有一家 Chalet Bergrust 餐廳，旁邊就是導覽團的售票處。

深入面積龐大的聖彼得山洞窟，當然不能隨便帶個照明設備就冒然進入，一定要報名參加導覽團。在整座山頭上，只有一個官方機構舉辦導覽團，共有三個團，分別是 Guided Tour Fort St Pieter、Guided Tour North Caves 及 Guided Tour Zonneberg Caves，全部都是一小時，價錢皆為每位 7 歐元。這三個團的關鍵字，很明顯就是「Fort」

整個聖彼得山洞窟共有兩萬多條地道，這幅地圖看來只顯示了極少部分。上頭黑色密密麻麻的線條都是地道。

1 | 聖彼得山洞窟共有兩個主入口，此乃北入口。
2 | 我們是參加北入口的導覽團。當年《夜巡》就是存放在這邊的山洞。

與「Caves」。第一個團是參觀山上的聖彼得堡壘（Fort St. Pieter），而另外兩個就是進入洞窟（Caves）。三團之間的差別在於，第一及第二團都是位於聖彼得山的北入口，基本上是同一位置。至於第三團則是參訪聖彼得山的南入口，距離古城區更遠。因為時間有限，於是我決定參加北入口的兩個團。

到了 18 世紀末以後，這裡發生過多場戰事，聖彼得山洞窟也多次成為一般平民躲避戰火的庇護所。而《夜巡》等大量藝術品會選擇藏匿在此，也可見這個地方的隱密與複雜。

曾有滄龍悠游過的馬斯垂克

「Maastricht」這個字除了讓人想起荷蘭最古老的城市與歐元發源地，事實上與「Maastrichtian」也密切相關。馬斯垂克期（Maastrichtian）是白堊紀（Cretaceous）的最後一紀，年代大約落在 7,200 至 6,600 萬年前。馬斯垂克當地曾於 1870 年挖掘到滄龍（Mosasaurus）的牙齒化石，經過多年考證後，便決定以這座城市的名字將這件化石所處的 6,000 萬年前的紀元命名為「Maastrichtian」。

嚴格來說，滄龍不能歸類為主龍類的恐龍，屬於鱗龍類的牠們其實是從陸地上的崖蜥進化而來，在白堊紀中晚期才出現，並且迅速繁衍，與現代的巨蜥科及蛇的關係較近，但都算是爬蟲類的一員。到底牠有多巨大？看看電影《侏羅紀世界：殞落國度》就知道了。

不過這裡又涉及一件很諷刺的事——無論在馬斯垂克，還是在荷蘭任何一處博物館，都無法觀賞到那顆珍貴的滄龍牙齒化石。因為拿破崙軍隊入侵聖彼得山洞窟時，

聖彼得山的洞窟不是天然形成的，都是由人工挖掘出來的。據說從古羅馬時代就開始了。此為昔日人們留下的挖掘痕跡。

雖沒搶走藝術品，卻把化石帶走了。後來，荷蘭多次與法國交涉，都無法取回化石。所以想看滄龍化石，得去巴黎自然歷史博物館一趟才可以。

比地上更加繁榮的地底城市

雖說是地下洞窟的探險之旅，但其實絕大部分都是平坦的路，只要跟著導遊走就很安全。這天，全團共有三十多人，不少家庭都帶著小朋友一起來。洞窟全年恆溫 11 度，夏天洞內比洞外涼爽，冬天洞內比洞外溫暖。洞穴內完全漆黑，沒有任何光線，其中幾人會幫忙提油燈。千萬別只顧著拍照而自行脫隊，一旦走失真的很危險，多年來確實發生過好幾起私闖失蹤或死亡的事件。

導遊便分享過一個悲劇的故事：曾有一對兄妹獨自進入洞窟，不幸迷了路。他們不斷在黑暗中亂走，最後只能絕望等死。不知過了多久，救援人員才在其中一個出口不遠處，找到他們的遺體……

不過有一段路是一條單向的小小通道，在沒有走失或跌倒的風險下，導遊請我們排成一直線，手摸著牆，然後關掉所有的燈。在什麼都看不到的情況下，我們體驗到在黑暗中行走的感覺，特別難忘。

遊覽的過程中，導遊也會請我們觀看路旁一角的綠色

小生命——在這伸手不見五指的洞窟裡竟然有植物！原來有莖植物可以在石灰岩裡存活，不需要曬太陽，再加上石灰岩含水量很高，水源相當充足。

走進洞窟也像走進天然的地下畫廊。因為 20 世紀末，當地畫家經授權開始在地洞裡進行大量創作。由於石灰岩石壁含有水分，因此必須使用炭筆才能將作品保存下來，而這些昔日遺留下來的畫作正好幫助現今的旅客融入當時的場景。

最後，來比較一下北入口的洞窟與南入口的洞窟有何

20 世紀末開始，政府授權讓藝術家在洞窟進行創作，主題多數以洞內發生的故事為主。石灰岩壁因含有大量水分，因此藝術家主要使用炭筆創作，才能將作品保存下來。

聖彼得山是一座充滿故事的山。地面上的五角形堡壘，在整修後也成為旅客的參觀重點。
導遊帶著我們在堡壘內、外部都走一遍，最後在最高點欣賞馬斯垂克全景作結。堡壘團同樣是一小時左右，與洞窟團一起報名，可享折扣。

1-2 | 北入口的 Chalet Bergrust 餐廳，我們就在這裡享用午餐，餐廳旁邊便是導覽團售票處。　3 | 堡壘地形圖。

差異。南洞窟是一個寬敞且結構化的洞穴，有著高高的大教堂隧道，二戰時，便有四萬多名居民（是歷來人數最多的一次）在那邊居住，而當時的炊事房、水井與禮拜堂等遺跡，今日仍清晰可見。至於北洞窟，是由較矮的地道組成，更像真正的山洞，而《夜巡》等作品就是存放在這邊。

　　走出洞窟，一陣耀眼的陽光灑落，讓我們從這場地底迷宮奇幻之旅清醒了過來。■

INFORMATION

聖彼得山導覽團：www.exploremaastricht.nl

CHAPTER **8** ❚❚

BELGIUM

比利時

BELGIUM

令人意猶未盡的精緻國度
布魯塞爾大廣場、比利時皇家美術博物館

布魯塞爾大廣場四周的建築物，都是有著歷史的老建築。

在地理上，比利時是荷蘭的鄰居，兩者同屬歐盟國家，因此我們選擇坐上火車前往比利時布魯塞爾，展開旅程下半部。

關於比利時的遊記，本書會以精華的方式來呈現，將我們心中覺得比利時之旅最值得分享的事情，濃縮歸納為四篇文章。前兩篇為布魯塞爾市區篇，後兩篇是布市以外的法蘭德斯名城古鎮篇。主要是考量一般華人旅客遊覽比利時大多以此兩個區域來規劃行程。舉例來說，只在這裡待一、兩天的旅客，集中首都內的主要景點便已足夠；如果有三、四天或更多，自然適合往首都外的熱門城鎮如根特、布魯日、安特衛普、魯汶等地走走。雖然篇幅有限，但實際上，我們在比利時遊歷的天數是不下於荷蘭的。

悠遊布魯塞爾與法蘭德斯

比利時分為三個大區。想像一下，比利時國土在中間有一條無形的橫線條，上

面（北部）是佛拉蒙大區（Vlaams Gewest），占全國四成多面積，下面（南部）是瓦隆大區（Waals gewest），占有五成之多。而第三個大區雖然只有一小塊，且被佛拉蒙大區包圍著，地位卻舉足輕重，稱為「布魯塞爾—首都大區」（Brussels-Capital Region）。此區共有 19 個市鎮，包含面積最大的首都布魯塞爾市。至於上述根特、布魯日等，屬於佛拉蒙大區，可瀏覽法蘭德斯旅遊局官網搜集相關資訊。補充一提，佛拉蒙大區與法蘭德斯（Vlaanderen）其實指的是同一個地方，兩個名稱常常混用。

　　至於我們的比利時之旅是這樣規劃的：扣除第一天傍晚抵達布魯塞爾市中心以及最後一天坐飛機回家這兩日，實際上我們在這裡待了六天，其中有一天是從布魯塞爾市去荷蘭的馬斯垂克，因此真正造訪比利時當地的天數是五天。而我們把兩天給了布魯塞爾市，其餘三天各去了一座法蘭德斯城鎮，現在想來，我認為這些規劃很正確。當然，布魯塞爾市與法蘭德斯城鎮都有一些不能被對方取代的獨特景點，不過我個人還是覺得，留給後者的時間長一點比較好，旅遊回憶應該可以更豐盛、更深刻。

　　若對比利時旅遊仍意猶未盡，不妨在下一趟的歐洲旅行中再加入第二趟比利時之旅，到時我會建議，可以再多給法蘭德斯城鎮幾天的時間，挑幾個特別喜歡的城鎮住上一兩晚、甚至更多，用慢活的節奏來發掘這些城鎮的美好。

令人捏把冷汗的火車經驗談

　　來往荷蘭與比利時的火車班次十分密集，尤其是阿姆斯特丹或鹿特丹開往布魯塞爾的班次，預購沒有早鳥優惠，所以現場購票也可以。為了彈性規劃旅程，所以我們選在鹿特丹上車，直接在現場挑選最快開出的班次；鹿特丹往布魯塞爾的車程約兩小時左右。需要留意的是，布魯塞爾市中心有三座大火車站，分別是北站（Brussel-Noord）、中央火車站（Brussel-Centraal）與南站（Brussel-Zuid）。中央火車站最靠近大廣場等熱門景點。

　　關於往布魯塞爾的這趟車程，有件事覺得應該分享一下。網上常常可以看到華人旅客在火車上遇到行李被偷的經驗分享，所以有特別提醒自己。不過當天大概是因為整趟旅程一路順利，心情開始有點鬆懈，且當時車上的乘客

1 ｜ 布魯塞爾中央火車站，是市內最多遊客使用的火車站。
2 ｜ 中央火車站附近的宜必思酒店，方便進入舊城區遊覽。

不多。我們兩人便坐在面對面的四人座位上，兩件大型行李放在腳邊，一個背包卻不小心放在頭頂上的行李架——而很多旅客的東西會失竊，往往都是放在那裡。事後我不斷追問自己，為何會讓背包離開自己的視線？

話說，中途有一位男乘客上車，坐在另一邊窗口的座位，與我對望。事後我回想起這個人，他的眼神、舉動等等一切，都讓我不免起疑與害怕，幸好整趟車程我們都保持清醒，那人也在快抵達布魯塞爾市中心前便離開車廂，不然頭頂上的背包不知道會發生什麼事。

總之，搭火車時，行李一定要放在自己身邊，視線不可離開，如果有旅伴，可以輪流休息與看管行李。至於搭長途巴士也是同樣的道理，因為有些司機是讓乘客自由拿取行李的，並不會確認身分。如果中途停靠站有旅客從行李艙中拿取行李，務必留神，甚至建議下車查看，確認自己的行李安然無恙才返回車上。網路上有人建議可用單車鎖把行李鎖在車上的欄杆處，我不曉得是否可行，即使可行，我建議還是小心至上。

世界上最美麗的布魯塞爾大廣場

遊覽布魯塞爾市的重點，基本上就是舊城區與城外的景點。十個首次造訪布魯塞爾的旅客，有十個必會去舊城區的大廣場（Grand-Place）。大廣場於 1998 年被列入世界文化遺產，四周被多棟大有來頭的中世紀建築包圍著。不過，中文名稱雖曰大，但廣場面積其實不算很大。

大廣場的眾多建築物之中，首推的是布魯塞爾市政廳。市政廳屬於哥德式建築，分階段建於 1402 年至 1455 年間，歷經多次戰火毀壞與修復。其 96 公尺高的尖塔，成為整個大廣場天際線最大的亮點。不說不知，尖塔頂部矗立的 2.7 公尺高的鍍金金屬雕像（如果沒有望遠鏡，站在地面上可能無法清楚地看到），是在 1455 年被放置上去的，雕像是布魯塞爾的守護神聖米迦勒（Saint Michael）。

市政廳正對面的國王之家，是廣場上第二座焦點建築物，但從未有一位國王在裡面居住過。同樣擁有數百年的歷史，也歷經過戰爭摧殘，至 1896 年以新哥德風格重新打造。目前內部的裝潢是在 1985 年翻新的，已成為布魯塞爾市立博物館的用地。

若不只是想在大廣場到此一遊的話，我推薦買票參觀這座博物館。除了可欣賞到大廣場周邊各座建築物的珍貴展品，並了解廣場的修復史外，最大的收穫是觀賞到市政廳尖塔的守護神聖米迦勒雕像真品。原來現在我們觀看到的金光閃閃守護神聖米迦勒雕像，是在 1996 年放上去的複製品。而博物館內那座鍍金已脫落的真品，在 1695 年法軍的砲擊中倖免於難，於 1993 年從塔頂移至博物館內保存。

布魯塞爾大廣場位於比利時首都市中心，於 1998 年列為世界文化遺產，是布魯塞爾最熱門的景點之一。

布魯塞爾大廣場是一座長 110 公尺、寬 60 公尺的長形廣場，堪稱全世界最美的廣場，多座美輪美奐的建築物以此廣場為軸心環繞一圈。

1 | 每個人來到布魯塞爾大廣場，第一眼看到的就是建於 15 世紀的市政廳。它是周遭最高的建築物，
雕刻精細的哥德式建築最受注目，仔細看，會發現石柱上都是生動的人物，令人嘆為觀止。

2-4 | 國王之家是大廣場上第二受到注目的建築物，內有展館，主要介紹修復大廣場的資料及相片。

市政廳頂端的守護神雕像是展館焦點，在上次大型修復時，被移下來保存。

　　現場近距離觀看守護神雕像真品，讓我有些意外。守護神無論在表情或翅膀造型上，竟然不是神聖、威武的風格，而是歐洲童書上出現的童趣風格；至於祂腳下被祂打敗的飛龍，也只是一隻很小很小的飛龍。

　　至於布拉班公爵之家，是廣場上僅次於市政廳、國王之家最大的建築，可以見到正立面上有 19 尊半身雕像。另外，由不同公會組成的 5 棟建築，每一棟建築的牆上，都有它們最具特色的標誌，由右數來分別是星星、白天鵝、黃金樹。星之館（星星）最特別的，是一樓拱廊內的塞爾克拉斯（Serclaes）雕像；第二間的白天鵝，據說馬克思曾在此草擬《共產黨宣言》；黃金樹目前是啤酒公會，內部有一部分規劃成啤酒博物館（Belgian Brewers Museum），我們便在這裡品嚐到多款新鮮地道的啤酒。

1 ｜ 我們在啤酒博物館享用地道的啤酒。
2 ｜ 大廣場內的旅客中心。

按實際體型打造的尿尿小童

　　說到舊城區的另一個知名景點，應該是很多人會大感興趣、但看過後通常會歸類為「到此一遊」的尿尿小童（Manneken-Pis）。事前搜集資料，已知道尿尿小童本尊僅有 53 公分，嬌小或迷你都是十分貼切的形容詞，不過想想，這本來就理所當然，因為雕像是按小孩的實際體型打造的。

　　關於尿尿小童的傳說眾說紛紜，其中有一則我自己比較喜歡。話說當年法軍計畫使用炸藥攻擊布魯塞爾，某個深夜裡，有個小男孩起床尿尿，竟然撞見即將要引爆的炸藥引線，一時情急之下就撒尿將它澆熄，拯救了整座城市的居民。人們就是為了紀念這位勇敢又聰慧的小男童，於是豎立銅像紀念他。

　　老實說，我們並沒有刻意要拜訪這位尿尿小童，但在準備離開大廣場時，突然見到一群人圍在小小的十字路口上，那一刻才驚喜地想起——那裡站著的不就是「世界最著名的小男孩」嗎？當下看到本尊，有一種當年在丹麥哥本哈根看到美人魚雕像的既視感，果然真的很迷你啊！順帶一提，舊城區還有尿尿女童、尿尿小狗等，可惜我們無緣遇上。

　　大廣場周遭是布魯塞爾自由行最重要的區域（也最多

1 ｜ 一群人圍繞在路口觀看尿尿小童雕像。
2 ｜ 按真實體型打造的尿尿小童。
3 ｜ 這家舊城區的小食店，讓尿尿小童擔任推銷薯條的吉祥物。

聖休伯特拱廊街是舊城區的熱門景點，內有各式各樣的精品店以及巧克力
名店。

1 ｜ 比利時皇家美術博物館正門。

2-3 ｜ 博物館內部。

遊人），其他知名景點包括美食街 Rue des Bouchers、聖休
伯特拱廊街、可可和巧克力博物館，直至較遠一點的比利
時漫畫藝術中心都是，從早到晚都是熙來攘往的，所以要
非常留心隨身物品與觀光客陷阱。

在比利時皇家美術博物館聆聽歷史回聲

進入一地的國家級美術館，多多少少能領略到該國真
正的文化底蘊。本篇介紹舊城區遊覽的壓軸戲，我留給了
比利時最重要的美術館——比利時皇家美術博物館（The
Royal Museums of Fine Arts of Belgium）。我們是在第一天
早上參觀的，以便有充足的時間去領略比利時的文化精華。

這座博物館收藏了超過兩萬件的藏品，包括著名的《馬
拉之死》、《巴別塔》、《被縛的普羅米修斯》等，吸引

大量參觀者造訪，不過相對於大廣場一帶而言，程度並沒
有到人山人海。

不久前在荷蘭幾座美術館經歷過愉快旅程的我們，再
一次收穫滿滿。我們慢慢地、靜靜地看歷史、看繪畫，感

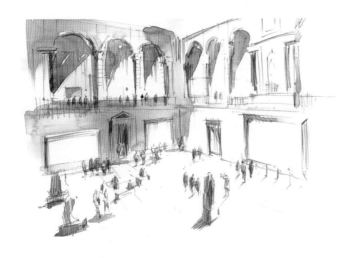

受著各種人生奇遇。其中，以法國大革命為主題的《馬拉之死》，我花了很多時間駐足，並且重溫整起事件的經過與審判，感慨著這不只是影響一時一地的事，而是足以改變未來的巨大時代樞紐。

最後補充一下，附近還有比利時皇宮、藝術家之丘、樂器博物館等景點，都很值得一併安排參觀。🏳

INFORMATION ───────────

比利時皇家美術博物館：www.fine-arts-museum.be
布魯塞爾旅遊局：www.visit.brussels/en/visitors
法蘭德斯旅遊局：www.visitflanders.com

鎮館之畫《馬拉之死》。對歐洲美術史稍有研究的人，一定都認識這幅鼎鼎大名的作品。

1 ｜比利時皇宮。
2 ｜藝術家之丘。
兩處景點都靠近中央火車站與比利時皇家美術博物館。藝術家之丘可以眺望整個市景。

不同主題的輕旅行組合
歐盟總部、五十週年紀念公園、汽車世界

我的旅遊習慣，通常會在熱門的旅遊區以外的地方尋找一下，偶爾會有一些驚喜的發現——沒有人山人海的人潮，卻非常有趣的景點。

舊城區以外的輕旅行

打開官方的旅遊地圖，在布魯塞爾舊城區外圍，有一塊面積相當大的公園，一看便知是布市最大的公園；而公園前方不遠處，還有一座非常醒目、呈 X 形的龐大建築物。仔細一看，官方地圖在這兩處都加上了「觀光標示」，原來前者是五十週年紀念公園，是為紀念比利時獨立五十週年而興建的，總面積三十公頃，比起皇宮旁邊的布魯塞爾市公園更大。後者是貝爾萊蒙大廈（Berlaymont），單看名字可能引不起注意，但這裡其實是歐盟總部的大本營。另外，公園內竟有設立幾座不同主題的展覽館，最令我驚喜的是汽車世界展覽館。

幾個不同主題的地方，讓我串成了一趟走出舊城區的輕旅行。

交通方面，雖然遠離了舊城區，但依舊方便，路面電車與地鐵都可以抵達，後者應該較方便。需要認識三個地鐵站，分別是 Maalbeek 站、Schuman 站、Merode 站。拜訪歐盟總部大樓的話，是在 Maalbeek 站下車；然後散步經過 Schuman 站，公園正門就在前方；Merode 站是公園的另一邊入口，我就在此站坐車返回市中心。

離開歐盟總部大樓，我們便散步來到五十週年紀念公園。它位於布魯塞爾市東邊，是為紀念比利時獨立五十週年而興建的，總面積達三十公頃。

Jackman
2021.3

前身為女子修道院的歐盟總部

步出地鐵站，就會見到弧形、巨大的玻璃帷幕外觀，歐盟總部（EU quarter）即出現在眼前。不知為何，我的腦海立時浮現了各種民間組織在這裡抗議示威的新聞畫面，激烈場面與和平氣圍交叉上映。注意，所謂參觀歐盟總部，不是真的入內參觀，就只是看而已，畢竟那是重要的國際機構，不能隨意進入。現場有不少同道中人跟我們一樣，興高采烈地在正門拍照打卡，證明自己到此一遊。

歐盟總部設於這棟呈 X 字形的貝爾萊蒙大廈內。大廈前身是一座女子修道院，1960 年，比利時政府收購這塊土地，第一代貝爾萊蒙大廈於 1969 年竣工。目前我們見到的現代化外觀其實是第二代，於 2004 年完成重建工程。

這棟大廈其實屬於比利時政府，歐盟以租賃的方式使

貝爾萊蒙大廈本身呈 X 形，不過站在大街一角無法觀看到這個特別的設計。但如果手持地圖，只要看到 X 形建築物，就知道是歐盟總部大樓。

用，歐盟委員會主席及 25 位委員都在此辦公。歐盟總部設於比利時有一些特別的原因，它不但是創始成員國（其他則為法國、當時的西德、義大利、荷蘭、盧森堡），也因

1 ｜ 歐盟總部所在地的貝爾萊蒙大廈，是旅客們最愛拍照的地方之一，圖右是總部入口。　　2 ｜ 貝爾萊蒙大廈四周展示多座引人深思的人形雕塑。
3 ｜ 歐盟旗幟的十二顆五角金星，並非代表十二個最初簽署歐盟條約的國家，而是象徵著「整個歐洲的聯合」。

為它既不是六國之中的大國，也不是國力最小的國家。法、德、義三國的實力無疑是最強大的，歐盟總部不管放在哪個國家，其它大國都不會同意。人口一千多萬、土地三萬多平方公里的比利時，雖是小國，但也不是最小，比起盧森堡，不會這麼容易屈服於大國的壓力。

歐盟成員國曾經達到 28 個。然而英國脫歐後，我透過網路新聞看到了總部入口的英國國旗從歐盟成員國國旗之列卸下的一幕。當時面容嚴肅的歐盟職員花不到一分鐘的時間便把英國國旗除下，並把米字旗對摺兩次呈三角形，最後一言不發地消失在鏡頭前。加入歐盟 47 年的英國，成為首個退出歐盟的國家。

紀念公園裡的汽車世界

結束歐盟總部的快閃打卡，我便沿著大道朝向五十週年紀念公園出發。公園於 1880 年落成，為紀念比利時獨立五十週年而興建，最初為貿易會、展覽會與節日活動的主辦場所，其後成為面積三十公頃的大型公園，遍布花園、噴泉和多座博物館。

走進公園，草地大致上是長形的，有點類似巴黎鐵塔下方的超長草坪。隨處可見到三三兩兩的當地人躺在草皮上曬太陽與野餐，享受愜意的美好時光。如果我生活在這

途中拍攝此圖，可見這座公園的面積真的相當大。

座城市，也會像他們一樣愛上這座廣大的美麗公園。

公園的核心範圍有一座建於 1905 年的凱旋門，當我走近才發現它比我想像中的還要高大壯觀，上方有青銅雕像，讓整個拱門在太陽底下看起來閃閃發光的。凱旋門採用鐵、玻璃和石材，象徵著比利時的經濟和工業水平；其兩旁延伸出來的建築物，設有幾座收藏豐富的博物館，成為當天輕旅行的結束點，包括汽車世界、皇家武力與軍事史博物館、五十週年紀念博物館等等。

這幾個展覽館我都有參觀，當中汽車世界的可看性最高。雖然我對汽車本身沒太大興趣，只略懂皮毛，但見到

從公園入口一直走到底，便會見到這座建於 1905 年的凱
旋門。不得不說它真的非常美麗，在太陽下，整個拱門看
起來閃閃發光。中間拱門懸掛著的是比利時國旗。

Jackman 2021. 3

這樣龐大的收藏量仍覺得十分精彩，超出我的期待！展館位於凱旋門對側的南廳，古典的拱形大廳內展出超過四百輛汽車，記錄著自 1886 年以來歐洲汽車發展的進程。依照時間線索，展館分別設置了汽車起源、黃金歲月、設計故事等多個主題展廳，其中最吸引人的，無疑是那些名貴的老爺車，穿行在這些老爺車之間，如同經歷一次汽車世界的時間之旅。

比利時人爭取獨立成功的那一刻

最後，想說一說比利時獨立這件歷史大事。歐洲國家之間有著千絲萬縷的歷史關係，比利時與荷蘭也是這樣。話說比利時在拿破崙一世時期，屬於法國的一部分，後來法國戰敗後，比利時被併入荷蘭，比利時人非常不甘受荷蘭人的統治。直至 1830 年，受到法國 7 月革命成功的影響，比利時革命及獨立運動（Belgian Revolution）於 8 月 25 日爆發。比利時人與荷蘭政府軍在布魯塞爾展開激烈巷戰，事情發展得很快，同年 10 月 4 日，比利時便宣布獨立。

這場獨立運動長達一年，最後比利時人民於 1831 年 7 月 21 日取得勝利（五十週年紀念公園就是紀念這起重大事件）。往後的數年發生了許多涉及多國利益的複雜事情，甚至有些沒有在歷史書上正式記載下來。簡而言之，荷蘭

1-2 ｜ 汽車世界於拱形大廳內展出四百輛汽車。欣賞重點除了雷諾、法拉利等人們熟知的品牌，還有比利時人自豪的本土品牌密涅瓦（Minerva），在二戰前曾躋身世界頂級發動機與豪華轎車之列。

3 ｜ 以藝術及歷史為主題的五十週年紀念博物館。

4 ｜ 皇家武力與軍事史博物館的展區。

直至 1839 年才心有不甘地在《倫敦條約》上簽字，從此比利時便真正地成為獨立國家，國慶日定於 7 月 21 日。

INFORMATION

汽車世界：www.autoworld.be
皇家武力與軍事史博物館：www.klm-mra.be
五十週年紀念博物館 www.artandhistory.museum

BELGIUM

安特衛普與布魯日交織的魅力
法蘭德斯城鎮小旅行 Part 1

坐上火車，我們接著拜訪三個各有特色的比利時北邊城鎮：建築古蹟林立與運河風光迷人兼具的根特（Gent）、優雅高貴的中古世紀古城布魯日（Brugge），以及比利時第二大都會區安特衛普（Antwerp）。

說起根特與布魯日，它們同屬中古世紀的古城，不少旅客會比較，也有人（包括我）認為它們並列為比利時兩大必去城市。以名氣來說，布魯日整個舊城區擁有被列入世界文化遺產的光環，所以人山人海的程度堪比布魯塞爾。

被冠為比利時第二大都會區的安特衛普，在觀光人潮上相對沒那麼多，整體步調可以放慢一點。其觀光範圍都集中於舊城區，熱門的景點包括：安特衛普主教座堂、安特衛普大廣場、魯本斯之家，以及被列為世界文化遺產的普朗坦—莫雷圖斯博物館等等。

來自比利時的《藍色小精靈》是許多人的童年回憶，由火車站到舊城區各處都見得到他們。

遊比利時的另一種住宿策略

先說說交通時間，以布魯塞爾作為據點，我們每天早上從中央火車站出發，這三個地方的班次十分密集，每小時一至兩班。以地理上來說，根特和布魯日都位在布魯塞

爾的西北方，萬一只有一天的時間，不妨規劃上午去根特，下午去布魯日，或者相反。火車時間方面，布魯塞爾往根特約三十五分鐘，往布魯日需要再加二十多鐘。至於安特衛普，是位於布魯塞爾北面，約五十多分鐘的車程。

　　住宿據點方面，我有另一個建議。因為有些再次到訪比利時的旅人，希望遠離太過吵雜的觀光熱點而通常跳過布魯塞爾，想另選其他特色城鎮住宿。就以上述三個城鎮為例，在地理上，根特剛好位在中間位置，往布魯日或安特衛普都只需二十至三十多分鐘，方便早出晚歸的規劃，而且比布魯塞爾乾淨又安全許多，很適合成為住宿據點。

比利時第二大城市安特衛普

　　首先介紹安特衛普。在荷蘭的篇章中，我曾重點介紹過阿姆斯特丹與鹿特丹兩座中央火車站最值得觀賞的地方，而我認為安特衛普中央火車站可與他們比肩而立。許多旅人提到這地方的景點，第一個想到的多數是中央火車站，它曾被雜誌選為「全球第四座最了不起的火車站設計」、「全球最美麗的火車站」等等。這座火車站於 2006 年完成重新整修的浩大工程，從此變成現在看到的華麗新巴洛克式建築風格，設計繁複、金碧輝煌，且運用大量大理石石材是它最大的特色，有一種愈看愈有無窮無盡細節的感覺。

　　而說起安特衛普也一定要提到魯本斯。彼得‧保羅‧魯本斯（Peter Paul Rubens）是法蘭德斯畫家，巴洛克畫派早期的代表人物。魯本斯是安特衛普人，也是這座城市公認的象徵，其多幅名作分布在舊城區多個景點，比如本城最高建築安特衛普主教座堂。教堂除了宏偉的外觀，更重要的是它收藏了魯本斯四幅巨大真跡。至於魯本斯之家，是他本人的故居，主要展示他的生平故事以及生活面貌為主。

魯本斯之家是由魯本斯於 1616 年至 1640 年所居住的房屋改建，早年市政府買下這棟建築並修復後，成為如今的博物館。

華麗的新巴洛克式建築風格的安特衛普中央火車站，被喻為「全球最美麗的火車站」。

1 | 魯本斯是安特衛普公認的象徵，市內觀光中心皆以他為宣傳重點。
2-3 | 被列為世界文化遺產的普朗坦—莫雷圖斯博物館，保存了 16 世紀印刷業發展的歷史。

另外，比利時自己擁有的世界文化遺產共有九項，有數項是與其他國家共同擁有的。較為知名的兩項，無疑是布魯塞爾大廣場與布魯日歷史中心，而安特衛普也有一項，就是普朗坦—莫雷圖斯博物館（Plantin-Moretus Museum），是安特衛普的壓軸景點。這座保存了 16 世紀

印刷業發展史的印刷博物館，館內不僅有兩台世界現存最古老的印刷機等文物，還有一個存有普朗坦企業完整檔案的圖書檔案館。歷史學者指出，沒有這個地方，宗教改革、人本主義著作都可能會消失在人類的歷史中。它為保存人類文明遺產可說是做出了極大貢獻。

吃巧克力是理所當然的事

話說從頭。我們步出火車站後，沒有即時進入舊城區，而是先前往火車站附近的 Chocolate Nation。當天有一半的時間，我們都花在這座號稱世界最大的比利時巧克力體驗展館。當你在網路輸入「比利時」時，前幾項相關搜尋建議通常是「比利時巧克力」，所以說在一個以巧克力聞名於世的國家參觀巧克力主題景點，不是很理所當然的事嗎？

比利時巧克力品牌多如繁星，最知名的品牌大致有 Cote d'Or、GODIVA、Mary 和 Galler 等等，GODIVA 算是亞洲旅客較為熟悉的，布魯塞爾的聖休伯特拱廊街可謂是這些品牌專賣店的集中地。這些品牌在市內也有自己的巧克力體驗館，我們曾經去過其中一家，可惜記憶點不多，有點失望，便不在書中分享了。

但安特衛普的 Chocolate Nation 令我驚喜萬分，上一回的落空在這裡完完全全被彌補了。這是一座規模極大的比

1 | Chocolate Nation 就在中央火車站後面，旁邊是華人街入口。　　2 | 巧克力體驗館入口。　　3 | 體驗館的商店自然是各式各樣令人心花怒放的巧克力。

利時巧克力體驗展館，參觀體驗可媲美於我在荷蘭喜力體驗館獲得的感動。此體驗館共有十多個主題區，包含比利時巧克力起源、傳統、品牌、產品等介紹，個人最喜歡本館所打造的沉浸式比利時巧克力歷史之旅體驗，全程一個多小時。哦，當然，這家體驗館的絕技就是——一次可以品嚐到多種不同成分或口味的比利時巧克力，最後更不用多說，比利時巧克力通通打包帶回家！

不過，究竟什麼是比利時巧克力？首先，比利時官方制定了嚴格的標準，當可可豆原料抵達比利時後，之後全部的生產步驟（注意不是部分，而是百分之百！）都要在比利時完成，才能標示為「比利時巧克力」。另外，官方也建立了「比利時巧克力認證機制」（Belgian Chocolate Code），就像歐盟條例的「受保護原產地產品」（Denominazione D'Origine Protetta，簡稱 DOP），用以確保巧克力真正來自比利時的產品履歷，以及其悠久的歷史地位。

再來，比利時巧克力與其他國家巧克力相比最大的分別是什麼，才是重點。其迷人之處在於純正且綿密香醇的口感，是如何做到的呢？關鍵之一是使用超細研磨技術處理可可豆，例如美國法規規定可可漿的粒徑只有 30 至 35 微米，有些國家甚至沒有這樣規定，而比利時規定可可漿的粒徑竟然要小於 20 微米，如此便可想見，為何比利時巧克力可以比起其他巧克力更加入口即化了。

旅客在體驗館不但能了解到比利時巧克力的
獨特之處及製作方法，最致命的一擊當然是
可以嚐到新鮮現做、入口即化的成品。本
頁圖片便是最佳證明！

享受水都城市布魯日的悠閒浪漫

　　再來介紹位於比利時西北沿海地區的布魯日，其港口的優越位置從古至今遠勝過任何一座比利時沿海城市。話說自 13 世紀開始，盈利極豐的羊毛貿易為布魯日帶來了前所未有的超級財富，據說一直到 14 世紀，它都被列為財富力可與義大利威尼斯齊肩的地方。正因如此，大量華麗的哥德式建築如大鐘塔、市政廳、法院、多座教堂等都相繼誕生，並且保存至今，成為世界知名的歷史老城區。

　　布魯日的旅客人數可比布魯塞爾，自然是因為布魯日

坐船遊城一定是遊覽布魯日必做之事。整趟遊船經過多座橋墩，有些出奇的低矮，大家都會不約而同地舉起手來摸摸橋底，分外有趣。

歷史中心（Historic Centre of Brugge）於 2000 年入選為世界文化遺產。想一想，同樣列為世界文化遺產的布魯塞爾大廣場，就面積而言只不過是包含廣場與四周的建築物，並不算大，可是布魯日歷史中心占地甚廣，包含整座古城的大量建築，可見布魯日歷史中心比起布魯塞爾大廣場的可觀性更具多元性，要走的路當然也更多（更累！）。這裡的精華景點還包括市集廣場、鐘樓、城堡廣場、玫瑰碼頭、愛之湖公園等。

　　而既被喻為北方威尼斯，來布魯日這座運河古城不坐船遊城，就稱不上完整。玫瑰碼頭（Rozenhoedkaai）一帶的運河區是多家遊船公司的高度集中地，票價通常為十多歐元，遊程約三十分鐘，路線集中於老城區的運河。遊客甚多，記得預留時間排隊。需要比較價錢嗎？我傾向把握時間、快速挑一家排隊吧。遊船穿過一座又一座中世紀的石橋下，從船上的角度觀賞到不一樣的古城優美景色，一張張如詩如畫的景致輪番上映。至於玫瑰碼頭以外，聖母大教堂、市政廳附近的運河也是熱門的上船地點。

　　最後要說說古城的薯條博物館（Frietmuseum）。薯條的英文雖然稱作「French Fries」，但薯條其實不是源自法國，而是比利時人在 17 世紀發明的，至於「French」是指比利時的法語區域。這家小小的薯條博物館很趣，對於喜歡吃薯條的人來說，值得抽一點時間逛逛。

陽光明媚下，愜意地坐船遊布魯日古城，人生樂事。

1 | 位於古城外圍的布魯日火車站。
2 | 火車站前方的巴士，有多條路線巴士前往市集廣場。

小小的薯條博物館值得逛逛，結尾當然是享用比利時薯條與比利時啤酒！

標誌黃金時代的布魯日鐘樓

市集廣場（Markt）是布魯日以往最重要的商業中心，也是目前古城最熱鬧的一塊。事實上，這座廣場是當天的第一個景點，因布魯日火車站位於古城外圍，不少旅客都

會選擇搭乘巴士，直接來到市集廣場展開旅程。很多巴士都會經過市集廣場，有些巴士不太繞路，大約十三分鐘就可抵達目的地。但話說回來，步行也只不過二十分鐘而已。補充一提，火車站內有布魯日觀光中心，規模不算大，步出火車站前可經過。

象徵黃金時代的布魯日鐘樓（Belfort van Brugge），是市集廣場上最耀眼、毫無疑問是整個古城標誌的建築物。旅人可以沿著狹窄陡峭的 366 級台階，登上 83 公尺高的頂部。有點可惜的是，它太熱門了，現場太多人排隊，加上狹窄樓梯導致人流緩慢，當時工作人員表示還要再排兩個小時左右，我們只好放棄。如果你是過夜的旅客，就可以在非人潮高峰時段如早上，來登頂看看好風光。

無法登上鐘樓，我轉移到廣場一角的歷史博物館

（Historium Bruges），透過 VR 影片等生動有趣的多媒體形式，得知布魯日的輝煌歷史和昔日的生活百態。這處的展覽內容相當豐富，很推薦買門票參觀。假若不想花錢逛博物館，可以直接去博物館二樓的酒吧。我們有點幸運，剛好遇上有客人離開，很快就可以坐上陽台位置。這座酒吧很受旅客歡迎，因為其陽台可以一覽無遺整個廣場與鐘樓的美景！▮▮

INFORMATION ——————————————————

安特衛普旅遊局：www.visitantwerpen.be
Chocolate Nation：www.chocolatenation.be
布魯日旅遊局：www.visitbruges.be
布魯日歷史博物館：www.historium.be

市集廣場是布魯日古城最熱鬧的一塊，左方的布魯日鐘樓是古城代表性建築物，人們可以沿著陡峭的台階登上頂部。我們是在廣場一角的歷史博物館二樓酒吧陽台拍攝的。

1 ｜ 市集廣場旁邊的歷史博物館，其二樓是熱門酒吧。　　2 ｜ 推薦參觀歷史博物館。　　3 ｜ 我們在酒吧享用比利時啤酒。

BELGIUM

迷人的運河古都根特

法蘭德斯城鎮小旅行 Part 2

若以一日旅程為基準，我會給根特的分數多一點點。雖然遇上下雨天，但整體留下的印象很深刻（如果有兩三天的時間，我猜想布魯日應該是第一位）。

在伯爵城堡欣賞根特天際線

根特市中心的景點較集中，行程相對容易安排，大致分為三大區。第一區包含聖米歇爾橋、香草河岸、穀物河岸；第二區包含聖巴夫主教座堂、鐘樓、聖尼可拉斯教堂；第三區是伯爵城堡、舊魚市場，地理上，是距離火車站最遠的一塊。伯爵城堡位在聖米歇爾橋的北邊，我們沿著萊厄河（Leie）兩岸慢慢散步過去，一幢幢可愛又古老的山形屋及運河貫穿的畫面，讓沿途的風光極為迷人。伯爵城堡

成為根特之旅的第一站。

歷史久遠的伯爵城堡（The Castle of the Counts），現在以堅硬石塊打造而成的大城堡外觀是在 1180 年建成的，原本是由木材建成的小堡壘。經過千年來的時空轉換，堡壘從尊貴的伯爵居所，變成市政廳、鑄幣局、法院，甚至是監獄等，也發生了很多令人暗暗稱奇的歷史故事。我們之後坐船遊古城時，便會經過城堡的護城河，完整地觀看它的外觀。

城堡內部主要展示各式各樣的武器盔甲、刑具等，這些並不是我或大部分旅客的主菜，重點應該是要走到城堡的高塔，這裡可以無死角地遠眺根特全景。旅人特別喜歡某個遠望角度，因為那角度剛好能由左至右地觀賞到連成一線的聖巴夫主教座堂（Sint Baafskathedraal）、根特鐘樓

根特的伯爵城堡是我們當地旅程的第一站，
登上去可遠眺古城全景。

登上伯爵城堡，可觀看全城美景。

1 │ 聖巴夫主教座堂。　　2 │ 列為世界文化遺產的根特鐘樓。　　3 │ 聖尼可拉斯教堂。

1-2 ｜ 伯爵城堡附近的根特觀光中心，建築物前身是根特最著名的古老市場之一。

3 ｜ 如果在根特住上一個晚上或更多，推薦使用根特城市旅遊卡。　　4 ｜ 下雨天的根特古城區。持根特城市旅遊卡的旅客，可免費搭乘路面電車。

（Belfry of Ghent）、聖尼可拉斯教堂（Sint-Niklaaskerk），這三塔連線多年來已成為根特的著名景色之一。

離開城堡在前往下一個地方之前，為了避開午餐的人潮高峰，我們提早享用午餐。城堡入口對街有多家餐廳，看起來都很吸引人。我們轉換一下口味，挑了 Boon 素食餐廳，在 Google 取得 4.7 高分。餐廳裝潢走文青風，兩道主菜都色香味俱佳，覺得很不錯，深深覺得自己選對了。

使用根特城市卡暢遊魅力古城

順帶一提，我們在抵達城堡前經過根特觀光中心，建議不妨進去看看。如果在根特住上一晚，或想做更深度的旅行，可考慮購買根特城市旅遊卡（Gent City Card），分為 48 小時與 72 小時，路面電車等公共交通工具、熱門景點及展覽都是免費的。最值得強調的是，根特古城有數種水上交通工具（例如像布魯日一樣，有遊船觀光或者 Hop on Hop off 遊船）以及單車一日租借，這些也都是免費的！

關於根特觀光中心的所在地，再補充一些。它並不是現代化建築，一看便知是一棟有來歷的老建物——舊魚市

伯爵城堡前方的 Boon 素食餐廳，評價甚高。

數十分鐘航程的遊船讓我從水面上感受不同視角的根特。

場，根特最著名的古老市場之一。數百年前，當時魚市場是位於對岸的穀物市場中，直到 17 世紀才遷至如今位置，以巴洛克風格建造，並成為一座露天市場。現在，旅人進入觀光中心前，不妨抬頭留意市場入口的大門，上方有一座海神涅普頓保留至今（早期是三座，不過另外兩座在火災中毀損了）。

古城有多家遊船公司，大部分集中在香草河岸的周邊，行程約為四十至五十分鐘，票價 10 歐元左右，路線沿著萊厄河遊覽，以最富歷史的舊城區為主。正如遊覽布魯日一樣，如果要完整地體驗根特的魅力，又或者走累了想休息一下，那就搭個遊船吧。而且如前所述，持有根特城市旅遊卡可以免費搭乘（無卡也沒關係，花個 10 歐元也很值得）！

帶著滿滿豐收回家去

正如一開始就強調的，文化歷史底蘊豐富的安特衛普、布魯日與根特各具特色，全部都是值得多花點時間探索的美麗城鎮，建議挑一、兩個、甚至是三個地方，通通都住上至少一晚。如果可以用上類似根特城市卡這樣的優惠就更好了。

隨著法蘭德斯城鎮的三趟小旅行的完結，我們在荷蘭

與比利時的整趟旅程也順利落幕。最後，我們便在布魯塞爾機場搭上飛機，帶著滿滿的豐收回家去了。▋▋

INFORMATION ——————————————————

根特旅遊局：www.visit.gent.be
根特 Boon 素食餐廳：www.boon.gent

右頁圖畫的是登上伯爵城堡所見的景色，可觀望根特三座中世紀塔樓，由左至右的聖巴夫主教座堂、根特鐘樓、聖尼可拉斯教堂連成一線。

297

附錄
畫作的創作手記

本文不是旅遊後記，而是關於創作全書畫作的故事。以往我們不曾分享，但這次我有一種強烈的感覺：既然畫作在書中扮演重要的角色，使這系列在多如繁星的旅遊書中展現出明確的特色，那麼應該為它們寫一些東西才是。

創作的取材構想，以感性為主，理性為輔。感性方面，是源自旅行期間，那些美到令我讚嘆的景物、那些使我無限感動的景物、那些教我後悔不已為何不早點來看的景物……這一切都深深烙印在我的心裡，立志日後一定要全部畫下來！這類基於感性、自我約定非完成不可的畫作共四十多幅，占全書畫作的六、七成。不用說，十多幅的風車畫作當然屬於這一類。原因固然是風車的造型特別，但從我參觀昔日荷蘭人面對多場水災的老照片與相關文字紀錄起，心中便湧起深刻的念頭，直至當下執筆的這一刻仍深植腦海中，這裡與大家分享——那就是「荷蘭風車見證

了人類面對大自然挑戰的那份堅韌與勇氣。」

理性方面，就是在動筆前，我會先冷靜分析文章的重點及脈絡，才定出畫作主題及數量。例如皇家台夫特藍陶工廠一文，比起完整構圖的風景畫，我反而覺得重點應在於表達台夫特藍陶畫師的專業（內文亦有相關描述），所以決定以正在專注工作的畫師和經典陶器為主題繪製插畫（第 233 頁）。

本書畫作數量共五十多幅水彩畫與二十多幅電腦畫，前者主要是包含主體及背景的完整構圖，後者多是無背景的小插圖，如起司交易市集的工作人員等（第 112 頁）。水彩畫紙尺寸大多是 50.8×40.6 公分；完成一幅畫作的時間，構圖簡單的約一到兩小時，如簡單背景的單一風車（第 11 頁）；複雜的就需要四到五小時，如繪畫背景細節較多的小鎮景色（第 96 頁）。較富挑戰性的，應該是鹿特丹篇

荷蘭風車與花季的畫是全書最後完成
的作品。

從鉛筆稿到完成上色的比利時畫作。

1 | 此乃日本知名水彩品牌 Holbein，我主要使用這十二種顏色完成此書
　　的大部分畫作。
2 | 畫作是使用英國 Daler & Rowney 的水彩紙本裝，尺寸為 50.8×40.6
　　公分。

的幾幅巨型貨櫃船畫作（第128頁）。繪畫龐然巨物的關鍵，
在於下筆的果斷力，一氣呵成地完成大面積的上色至為重
要，這過程中一旦有些許猶豫，恐怕就要重新來過。

　　我完成文章的次序，與本書篇章順序一致；我也習慣
每寫一篇文章，就同時進行該篇的畫作，因此阿姆斯特丹畫
作屬早期，比利時畫作屬後期。但最後和出版社討論要加
入荷蘭花季的介紹，所以我在腦海中抽取印象較深的荷蘭風
車與花海的畫面，整合交融成全書最後完成的兩幅畫作（第
119、120頁），以豐富色彩表現花海的絢麗燦爛。

　　首段說到，此書因為畫作而比其他旅遊書多了些獨特
性，希望讀者們在閱讀這篇創作手記後有更深的認識與認
同。對於我而言，能夠以整合文字及繪畫的混合創作方式
去呈現旅行的故事與感動，便已是人生歷程中送給自己的
一份重要禮物。■

文少輝
Man Siu Fai, Jackman

香港土生土長的畫家及作家，成立「文少輝工作室」（Man Siu Fai Studio）。喜愛旅遊的 Jackman 擅長繪製水彩風景畫，曾踏足的國度都是他的創作題材，包括瑞士、義大利、西班牙、奧地利、荷蘭、芬蘭、日本、台灣等各地大城小鎮景色。近年回歸本地，傾力以香港為主題，以畫作分享他的香港印象與體悟。

Jackman 至今發表 17 本著作，主要包括「深度旅行＋繪畫」及「繪畫教學」兩類。前者為婚後每一回長途旅行的經歷彙整，既是指南，也是畫冊，每一本都有太太傅美璇（Erica）的同行與協力，如《義大利經典繪旅行》、《最完美的瑞士之旅》系列等。後者如《水彩的 30 堂旅行畫畫課》、《一學就會！水彩實戰教室》等，是廣受走在自學繪畫路上的讀者所喜愛的實用手冊，每本都傾注其創作心得與深厚的藝術教育經驗。

除了創作、著述與教學，Jackman 的作品亦多次入選國際藝術獎項及展覽，部分入選畫作收錄著作中。歡迎大家一起走進文少輝的水彩風景世界。

著作

《荷蘭比利時魅力繪旅行》、《一學就會！水彩實戰教室》、《奧地利最美繪旅行》、《冬季瑞士》、《芬蘭與波羅的海三國繪旅行》、《最完美的瑞士之旅》、《最完美的瑞士之旅 2》、《水彩的 30 堂旅行畫畫課》、《日本見學深度慢遊》、《邊旅行，邊畫畫》、《義大利經典繪旅行》、《日本鐵道繪旅行》、《漫畫廚房》、《西班牙繪旅行》、《畫家帶路，JR Pass 遊日本》、《畫家帶路，丹麥尋寶記》及《Stars in the sky》。

大澳畫作於美國參展的現場。

獎項與參展

- 2023 年　IFAM Global 國際在線評審藝術比賽（馬來西亞）
- 2023 年　日本国際水彩画会：第 23 屆國際水彩比賽（日本）
- 2023 年　台北新藝術博覽會：國際藝術家大獎賽（台灣）
- 2023 年　The International Watercolour Masters Contest（英國）
- 2022 年　155th Annual International Exhibition of the American Watercolor Society（美國）
- 2022 年　IFAM Global 國際在線評審藝術比賽（馬來西亞）
- 2022 年　文少輝水彩個人展覽（香港）
- 2021 年　IFAM Global 國際在線評審藝術比賽（馬來西亞）
- 2019 年　The International Watercolor Contest 2019 of Galleria Esdé（義大利）

INFORMATION

電郵：info@mansiufai.com
臉書：文少輝工作室
網站：www.mansiufai.com
IG：jetravelnillustration
Pinkoi：hk.pinkoi.com/store/mansiufai

1 | 此畫以香港深水埗的俯瞰街景為主題,入選 The International Watercolour Masters Contest(英國)。

2 | 此畫以一座位於香港灣仔的轉角樓為主題,入選 IFAM Global 國際在線評審藝術比賽 (馬來西亞)。

此畫以香港大澳為主題，入選 155th Annual International Exhibition of the American Watercolor Society（美國）。

荷蘭比利時魅力繪旅行

作　　者	文少輝、傅美璇
社　　長	陳蕙慧
副 社 長	陳瀅如
總 編 輯	戴偉傑
主　　編	李佩璇
特約編輯	李偉涵
封面設計	陳宛昀
內文排版	李偉涵
行銷企劃	陳雅雯、張詠晶

出　　版	木馬文化事業股份有限公司
發　　行	遠足文化事業股份有限公司（讀書共和國出版集團）
地　　址	231 新北市新店區民權路 108-4 號 8 樓
電　　話	(02)2218-1417
傳　　真	(02)2218-0727
E m a i l	service@bookrep.com.tw
郵撥帳號	19588272 木馬文化事業股份有限公司
客服專線	0800-221-029
法律顧問	華洋法律事務所　蘇文生律師
印　　製	凱林彩印股份有限公司

初　　版	2024 年 1 月
定　　價	520 元
I S B N	9786263145535
E I S B N	9786263145566（EPUB） 9786263145559（PDF）

國家圖書館出版品預行編目 (CIP) 資料

荷蘭比利時魅力繪旅行 / 文少輝, 傅美璇著.
-- 初版 -- 新北市：木馬文化事業股份有限公司出版：遠足文化事業股份有限公司發行，2024.01
304 面；23×17 公分

ISBN 978-626-314-553-5（平裝）

1.CST: 旅遊 2.CST: 荷蘭 3.CST: 比利時

747.29　　　　　　　　　112020636